话说中国

新世纪的曙光（上）

1912年至1928年的中国故事

廖大伟 等 著

上海故事会文化传媒有限公司
上海锦绣文章出版社

总顾问：李学勤
总策划：何承伟

本卷顾问：茅家琦

主编：熊月之 盛巽昌

正文作者（按卷次先后排列）

《新世纪的曙光》　　廖大伟等
《正义的觉醒》　　　邢建榕等
《血肉长城》　　　　华强等
《命运的决战》　　　叶永烈等

辅文作者（按姓氏笔画排列）

叶永烈　邢建榕　华　强　李　欣
张锡昌　陈　宇　陈华兴　赵晋波
盛巽昌　蒋　松　廖大伟

图片提供

中国国家博物馆、文物出版社、中国第二历史档案馆、上海市档案馆、中共一大会址纪念馆、上海宋庆龄故居纪念馆、上海图书馆、解放军画报社、北京万千景象图文设计有限公司、中红网等单位及（按姓氏笔画排列）

王　雁　叶永烈　邢建榕　华　强
刘永华　江　山　李子青　李国城
吴蓉蓉　张小红　张锡昌　陈　宇
高洪兴　崔　陟　盛巽昌等

本页长城照片由郑伯庆拍摄

《话说中国》翻开现代史新篇章

上海文艺出版总社编审 何承伟

昂扬激越的时代风貌　　自强不息的民族精神

出版说明

> 早在2009年，《话说中国》现代史4卷本就已出版，作为一个参与其中的出版人，能够躬逢其盛，尽自己的一份绵薄之力，感到由衷的兴奋和自豪。《话说中国》"立足于学术，面向大众"，力图通过科学的、创新的生动内容和具有现代理念的出版样式，形成雅俗共赏、学术性和普及性兼备的历史普及读物。根据这一理念，我们编辑出版了《话说中国》古代史16卷本，得到了专家学者和广大读者的认同，被国家有关部门列入"民族精神史诗出版工程"。中国历史学会会长李文海说："《话说中国》作为一个出版现象，它的创新内容和形式不仅普通读者有用，对专家学者也有启迪。"史学专家葛剑雄教授认为，《话说中国》是广大学生钟爱历史的最好载体之一。2006年4月，国家主席胡锦涛访美，将《话说中国》丛书作为国礼赠送耶鲁大学。《话说中国》古代史系列出版后，累计发行量已达250多万册，码洋近2亿元。它的总销售量即相当于一个中型出版社的全年生产总量，称得上是一个出版奇迹。

> 学无止境。出版人永不满足的心态促使我们不断鞭策自己，超越自我。《话说中国》古代史系列出版后，我们马上着手编撰现代史4卷本。经过广大专家学者的倾力参与，编辑出版团队的精心配合，现在《话说中国》现代史4卷本终于和广大读者见面了，它们分别是：《新世纪的曙光》（讲述1912-1928年的中国故事）、《正义的觉醒》（讲述1929-1937年的中国故事）、《血肉长城》（讲述1937-1945年的中国故事）和《命运的决战》（讲述1945-1949年的中国故事）。至此，《话说中国》从公元前200万年原始社会开始，一直到1949年新中国的成立，成为一部洋洋20卷的古代史、近现代史兼备的书系。

> 20世纪上半叶，是中国人民谋求民族独立和人民解放的重要历史时期。在这一过程中，中国既要为争取独立和自由作出巨大的努力和牺牲，又要在短时间里就中国的前途命运作出抉择；既要对中国传统文化的优劣给予评价和扬弃，又要对各种外来思想文化进行咀嚼、吸收和反思，并创造性地加以运用；既要克服两千多年来封建专制体制形成的种种弊端，又要应对西方工业革命以来迅猛发展所带来的严峻挑战，既要抵御帝国主义列强的入侵，维护国家独立和民族尊严，又要在艰苦的战争环境中进行社会生产建设……可以说，中国人在短短几十年间走过了西方国家几百年走过的路。从1911年到1949年这段并不长久的历史，浓缩了关乎中华民族生死存亡的重要历史时期，出现了左右历史和时代的世纪伟人，和一批又一批的人

民英雄。这段历史，不仅仅是我们今天走上伟大民族复兴之路的重要前奏曲，更以史实告诉着世人一条颠扑不破的真理：没有共产党就没有新中国！

> 400余则经典故事，全面展示中国现代史昂扬激荡的生动轨迹。《话说中国》以故事体文本为特色，记住一段故事，就记住一段历史，记住故事里的人，也就记住故事的魂。历史的真实，科学的表述，仰仗故事叙述的曲折生动、起起伏伏来完美再现。连国外的同行都惊叹："想不到中国历史书也可以写得这样生动有趣。"

> 1500余幅细腻反映社会风貌的生动图片，立体再现时代的风云变幻。《话说中国》以图识史，给人"百闻不如一见"的感觉。现代史4卷本更是汇集了大量珍贵稀见的图档照片，涵盖政治、经济、军事、文化、社会生活、科技等各方方面面，在图片征集过程中，得到了图片权威机构、档案馆、博物馆、各类媒体以及个人收藏者的慨然相助。

> 为适应今天读者的阅读习惯，《话说中国》这套将近6000面的书，竟然创造了可以从任何一个页面读起的奇迹，每个页面都是一个相对独立的图文知识体系。它不是通常意义的历史读物，更像杂志书，是一部融杂志、图书、网络样式于一体的具有多种便捷实用检索功能的中国历史百科全书。故事、图片和知识信息，绵延不断，经纬交织，共同构成了中华文明史的绚丽画卷。其中离我们当代最为接近的民国时期，浓缩了众多信息，是最值得我们去回顾、去总结、去反思的极为重要的历史阶段。

> 从2009年到现在已经有四年的光景了，《话说中国》丛书二十卷全部出版完毕。这些年来，《话说中国》丛书受到了社会各界广泛的关注，获得了众多奖项和多方的赞誉，为此我们十分欣慰。这几年间不断有热心人提出建议，建议我们把书出得更普及一些，让每一所学校，每一座图书馆，甚至每一个家庭都能拥有一套《话说中国》丛书。为此，我们决定这次再版时做一些改动：原版二十卷书去掉索引卷，将其他十九卷拆分成三十六卷重新出版，基本上是一本分成两本。这样既细化了这套丛书，又使得每册不至于太厚太重，便于读者阅读，定价不涨反落。我相信这种形式会受到广大读者的喜爱。

> 丛书改版的过程貌似简单，实则不易，相关编辑人员都付出了巨大的辛苦和努力。在这套书系改版完成行将付梓之时，翻阅着洋洋三十六卷的大书，透过阵阵的墨香，看着字里行间的每一个故事、每一张图片，为自己能参与《话说中国》的编辑出版工作而感到高兴，更为我们伟大的中华民族而骄傲，为作为一个中国人而骄傲。

一个风云变幻的大变动时代

中国近现代史专家　上海社会科学院研究员　熊月之

> 中华民国作为一个历史时代，上接清朝，下连中华人民共和国，从1912年至1949年，首尾三十八年。这不是此前《话说中国》丛书所描述的汉、唐、明、清那样普通意义上的朝代，因为其不是一姓之天下，其寿命也远比一般朝代为短，还比不上元朝，但是，其内蕴相当丰富，故事出奇精彩，意义极其重大，可圈可点、可惊可叹、可歌可泣的事如繁星满天。

> 这一历史时代，从法统上说，分为两个时期：一、北京政府时期（1912－1927）；二、国民政府时期（1927－1949）。与以往朝代最大的不同，这一时代的政治架构是按照近代西方行政、立法、司法三权分立的原则设计出来的，不是权力不受制约、世袭罔替的君主专制，是民国不是帝制。

> 这是一个风云多变、战火频起、多种政治力量不断分化组合的大变动时代。

> 1912年元旦，孙中山在南京就任临时大总统，宣告中华民国成立。这是中国也是亚洲历史上第一个资产阶级共和国。历时二百六十八年的清朝统治至此结束，绵延两千多年的专制帝国至此终结，中国政治历史从此翻开新的一页。

> 1912年4月，由于众多因素的综合作用，前清重臣袁世凯获得政权，就任大总统，定都北京。此后四年间，他外倚西方列强的支持，内靠纵横捭阖的手段，软硬兼施，由临时总统而正式总统，由内阁制而总统制，由任期总统而终身总统，逐步将权力集中到自己手中。1916年元旦，改元为洪宪元年，恢复帝制。结果，无论是先前反对他的人还是先前赞成他的人，都站到了他的对立面，讨伐声浪汹涌澎湃，遍于域中。袁世凯于3月22日被迫取消帝制，随后于6月6日在羞辱与忧愤中死去。

> 一个军政强人的突然消失，留下了一大片权力空间，接下来是长期的权力争夺与军阀割据。袁世凯死后，北洋军阀分裂为皖、直、奉三大派系，此外还有山西晋系阎锡山，徐州一带张勋的定武军，西南滇系唐继尧、桂系陆荣廷等。从1916年到1927年，从北国到南疆，从沿海到内地，各路军阀相互拼杀，虎噬鲸吞。1927年4月18日，国民政府在南京成立。此后，中国政治中心从北方移到了南方。

> 自1927年至1937年，中国一直受到外患与内争两个方面的困扰。外患主要是日本的侵略。内争主要来自三个方面，一是国民党内部不同派系之间的倾轧与斗争，二是来自"新军阀"的挑战，包括李宗仁和李济深的桂系、冯玉祥在华北的"国民军"、张学良在东北的势力、阎锡山在山西的势力等；三是国民党与共产党之间的斗争。内争与外患时常交织在一起，不同政治力量之间的消长分合也时有变化。四一二事变以后，大批共产党员和工农群众遭到杀害。共产党先后发动南昌起义、秋收起义、广州起义，建立工农红军，进行武装斗争。从1930年至1934年，蒋介石先后发动五次针对红军的"围剿"，前四次均被击败。第五次，红军失却在江西的根据地，被迫长征北上。1936年12月12日，张学良与杨虎城发动西安事变，将实行"攘外必先安内"政策的蒋介石囚禁起来。在中国共产党的斡旋下，蒋介石获释，被迫接受停止内战、共同抗日的要求。

> 1937年7月7日，日本帝国主义发动卢沟桥事变，中国军队奋起抗击，为期八年的抗日战争

总序一

> 从此开始。1945年8月15日，抗战胜利，日本政府宣布无条件投降。此后，国民党又发动内战。经过三年多浴血奋战，共产党领导的人民军队击溃国民党军队，蒋介石退守台湾。1949年10月1日，中华人民共和国宣告成立。中国历史由此翻开新的一页。

> 这是中国遭受空前外患、民族精神淬火升华的特殊时代。

> 日本帝国主义在1931年策动"九一八"事变，占领东北三省，1935年制造华北事变，1937年7月7日发动卢沟桥事变，以后全面侵华。

> 国难当前，中国人民奋起抵抗。尽管中国国力远逊于日本，工业总产值只有日本的三分之一，军事方面除了陆军人数比日本稍多，海军、空军与日本之比，分别是一比八与一比十三，武器装备更为落后，但是，中国人民不畏强暴，进行了气壮山河的殊死斗争，万众一心，众志成城，地不分南北，人不分老少，民族、阶级，同仇敌忾，共赴国难，长城内外，大江南北，到处燃起抗日的烽火。国共两党领导的抗日军队，分别担负着正面战场和敌后战场的作战任务。正面战场组织的一系列大仗，包括淞沪、忻口、徐州、武汉等战役，予日军以重创。敌后战场的广大军民，开展游击战争，八路军、新四军、华南游击队、东北抗日联军和其他抗日武装力量，四处出击，奋勇作战。平型关大捷打破了"日军不可战胜"的神话，百团大战振奋了人民争取胜利的信心。万千中华儿女，面对敌人的炮火勇往直前，面对死亡的威胁义无反顾，以血肉之躯筑起钢铁长城，谱写了惊天地、泣鬼神的壮丽史诗。

> 艰难困苦，玉汝于成。经过艰苦卓绝的抗战，中国人民终于彻底打败了日本侵略者。这是自鸦片战争以来中国反抗外敌入侵第一次取得完全胜利的民族解放战争。绵延久远的中华民族精神经此磨炼淬火，得到了空前的升华。

> 这是中国在外交方面有一定改善、经济有一定发展、思想文化有不俗表现的特殊时代。

> 思想文化方面，这三十八年是大放异彩的时代，在中国历史上，只有春秋战国时期庶几近之。无论是北洋军阀、各地军阀，还是设在南京或重庆的国民政府，都无法绝对有效地控制大学、报纸、期刊与出版业，无法完全控制新文化、新思想的传播，这造成了有利于思想交锋、学术争鸣与文化繁荣的特殊环境。之所以有那么多党派活动，有那么多思潮、学派产生、争鸣，五四新文化运动之所以那么激荡磅礴，马克思主义之所以能够广泛传播，中国共产党之所以能够成立，都与这个特殊环境有关。具体文化门类方面，有许多相当突出的成就：文学创作方面的鲁迅、郭沫若、巴金、老舍与茅盾，语言学方面的赵元任，史学方面的王国维、梁启超、陈寅恪、陈垣、董作宾、李济、顾颉刚与钱穆，哲学方面的胡适、冯友兰、金岳霖、汤用彤、贺麟，社会学方面的吴景超、潘光旦、费孝通，教育方面的蔡元培、梅贻琦、张伯苓，绘画方面的徐悲鸿、张大千、齐白石、丰子恺、黄宾虹，音乐方面的黎锦晖、聂耳、冼星海，电影方面的蔡楚生、阮玲玉、金焰、胡蝶，戏剧方面的田汉、曹禺，数学方面的陈省身、华罗庚、苏步青，物理学方面的吴有训、叶企孙、严济慈，地质学方面的李四光，气象学方面的竺可桢，造桥方面的茅以升，冶炼方面的周仁，化工方面的侯德榜……均各领风骚，独步一时，如山花烂漫，云蒸霞蔚。

> 国民政府在外交方面进行了一些努力。经过谈判，中国相继与众列强签订新的关税协定，实现了关税自主；1943年，中国收回了所有租界。一战以后，中国民族工商业得到一定的发展，电话、电讯等先进设备开始进入普通人的生活。

> 总之，这是去今不远、对今天仍有深刻影响的特殊时代，是一个历时虽短但内涵丰富、色泽斑斓、可以从许多角度反复解读的非常时代。

现代中国三十八年

上海社会科学院研究员　盛巽昌

> 历史是人的历史，所有的人都参与历史的创造。

> 现代中国史和我们关联极大。我们的前辈历经艰难困苦，走过了那段艰苦的岁月。今天的人们正追寻他们的足迹，从中解剖、分析、汲取知识、智慧和启示，获得成长和进步的经验。后来者总是站在前人的脊梁上创造、前进，这样就更聪明、高大了。

> 这段现代中国史就是，从辛亥革命中华民国创建，成长、衰败、崩溃，到中华人民共和国成立的三十八年历史。

> 三十八年在中国悠久历史长河里只不过是条微不足道的小溪。中华五千年文明史丰富灿烂，在这块肥沃的大地上出现过万千个可歌可泣、可悲可叹的人和事，可哪朝哪代能与现代中国三十八年相提并论呢？在这短暂的艰辛岁月里，它所创造的奇迹，完成的功勋，承负的重担，焦劳困苦，竭蹶时形，那是过去任何一个时代、一个世纪，甚至十几个世纪的总和也难以比拟的。中华民族到了最危险的时候，光明与黑暗，统一与分裂，正义与邪恶，和平与战争，前进与倒退的变奏，伟大与卑劣，庄严与丑恶，英雄与屠夫，巨人与侏儒的共存，织就了现代中国三十八年一幅悲壮、慷慨，足以传承子孙百代的永垂不朽的画卷。这段历史承前启后，永远是中华民族的瑰宝，是产生于特定时空而又能超越时空，藏诸名山传之后世的中华文明。这也是中国人对世界的极大贡献，为世界文明史写下了光辉灿烂的篇章。

> 读历史，更要读现代史。

> 鸦片战争后，开眼看世界的中国人，惊呼遇到了"数千年来未有之变局"。现代史三十八年里，国人处变局之中奋发图强，找寻救国救民之路。今天的中国，正处于民族复兴千载难逢的历史机遇期。中国关心全球，全球聚焦中国。这就需要我们爬梳、解读、认识、重温那段历史引发的情感和文字，找回失落许久的民族自尊、自信、自爱和自强的民族本色。忆往昔，峥嵘岁月稠。孙中山等辛亥革命志士前赴后继，结束了几千年封建王朝，剪去了象征大清帝国的辫子。以毛泽东为代表的共产党人，抓住中国革命的农民问题，提出了指导中国革命的科学理论，进行了土地革命，后来又在两个命运的决战中，建立了人民共和国。革命尚未成功，同志仍须努力。我们正在做我们前人从未做过的事业，我们的目的要达到，我们的目的一定能达到。这些出现在现代中国史上的伟大豪言壮语，至今读来仍虎虎生风，激励人们奋发有为，自强不息。

> 三十八年历史莽莽苍苍。

> 它是中华五千年历史长河最大的曲折处。几千年的道德、文化，乃至生产、生活方式，此时

此刻遭到从未有过的冲击、涤荡。除旧布新。一个划时代的倡导社会新风尚的观念变换出现了，实行男女平等，尊重人格和废除种种陋习，一浪高过一浪；中华大地也出现了自己民族的工业和著名企业，也有了现代色彩的城市；建立新的文化教育机构，有整套从小学到大学、甚至出国留学的学校教育制度；中国的科学研究，工程技术在进步，其中若干还因为广大民众包括企业家、科学家和各个领域的文化精英，奋发图强，达到了世界先进水平。在风雨如磐，鸡鸣不已的岁月里，中国人抬起胸膛，开始站起来，屹立在高山之巅。

> 现代中国参加了两次世界大战，加入了许多重要的国际性组织，对于我们今天而言，这些经历或者是宝贵的财富，或成为前车之鉴，后事之师。

> 尤其是第二次世界大战。

> 这是一次空前绝后，关系全人类命运的反法西斯战争。中国人民为挽救民族危亡，自1931年始，包括全面抗战八年总计十四年，在正面战场和敌后战场，同仇敌忾，众志成城，打败了日本军国主义，把它完全、彻底地赶出了中国，取得民族独立和自由。战争教育了人们，人们也赢得了战争。中国人参加包括抗日战争的世界大战所付出的历史代价是巨大的，但也启发了民智，获得了全世界的尊重。其功绩与山河并在，与日月同辉。深刻地反思过去，正确地认识现在和理智地瞻望未来，那就应该学些历史，包括现代史知识。从学习中不断深化认识我们民族是一个伟大的民族，历经战争等种种磨难，她没有瓦解，没有沉沦，反而是经过时间的洗礼，更加成熟了。

> 现代中国史是一本好的教科书。虽然已属过去，而且渐行渐远，可是有时却感到很近很近。那些历历在目的英豪，惊天动地的大事，激励后人要学习学习再学习。意大利学者哥尔多尼说得好："世界是本美丽的书，但对不能阅读它的人几乎不起作用。"诚哉斯言，可为座右铭。

> 鉴于此因，本书以八卷本的巨大篇幅，按三十八年的历史顺序，层层紧扣，采用《话说中国》固有的故事写作样式，图文并茂，辞理并重，展示于众。

> 现代中国史丰富多彩，五色缤纷。这里只能是择其部分，以故事叙述的样式，展示三十八年民国春秋。"轻舟载得春多少，无数飞红到桨边"。庶其能从丰富灿烂的中华文明史殿堂，通过写作者的手笔，编辑者群体的通力合作，为海内外各个层次的读者，送上这部蕴含亮丽、鲜活的书卷。在阅读中增添兴趣，在兴趣里深化阅读。路漫漫，阅读如行路，走不尽的路，读不完的书，半个世纪前有个哲人曾经说过：人类还是处在幼年时代，人类今后要走的路，不知要比现在长远多少倍。但愿本书长行万里，传诸万千人家，能为广大读者欢喜。

目录

出版说明
《话说中国》翻开现代史新篇章 004
何承伟
一位从事出版工作三十余年的资深编辑对出版创新的领悟和尝试

总序
一个风云变幻的大变动时代 006
熊月之
中国近现代史专家经典解析民国时期的风云变幻

现代中国三十八年 008
盛巽昌
知名学者纵论现代史三十八年

专家导言 012
茅家琦
民国史专家谈其对民国前十七年历史的最具心得的研究精华

把中国历史的秀美景致尽收眼底 014
本书导读示意图

前言 018
公元1912年至公元1928年
激变创新而动荡不堪的时代——民国初年
廖大伟

民国前十七年的历史在军阀混战、革命与反动的争斗中匆匆画上了句号,中国的前途依然不甚明朗,然而闪耀在古老东方上空的一缕新世纪的曙光,激励着先进的中国人为了民族辉煌的未来继续奋斗……

○○一 公仆孙中山　　　　　　024
他改变了中国

○○二 剪辫子　　　　　　　　027
民国和大清区别的最大标志

○○三 教科书革命　　　　　　030
打中华牌,行民国事

○○四 岭南画师高剑父　　　　033
打江山后画江山

○○五 民国第一案　　　　　　036
过于理性,易做蠢事

○○六 二次革命　　　　　　　039
得之易,失之也易

○○七 王金发悲剧　　　　　　042
痴子和傻瓜只是通过性格才被发现

○○八 蒋翊武之死　　　　　　045
纵横计不就,慷慨志犹存

○○九 白朗起义　　　　　　　047
二十世纪的替天行道

○一○ 中华革命党　　　　　　050
条条道路救中国

○一一 杨小楼　　　　　　　　052
舞台小天地,天地小舞台

○一二 科学的播火者　　　　　054
强国之道,可传后世

○一三 五九国耻　　　　　　　057
弱国无外交

○一四 肇和舰起义　　　　　　060
曾被放大了的历史事件

〇一五 杨度其人　063	〇三六 陈望道译《共产党宣言》　117
乱世打造传奇，传奇走红乱世	中国人终于找到了救国的真理
〇一六 章太炎被囚　065	〇三七 周恩来与觉悟社　119
刚则有余，智则不足	时时觉悟，刻刻觉悟
〇一七 蔡锷潜返云南　067	〇三八 茅盾革新《小说月报》　122
一次相当成功的政治旅游	播下龙种，收获龙种
〇一八 八十三天皇帝梦　069	〇三九 蒋介石与证券交易所　126
封建帝制结束后的皇帝	不做政治生意发不了财
〇一九 棋王谢侠逊　072	〇四〇 非常大总统　130
德艺双馨，老而弥坚	非常之人非常之时行非常之事
〇二〇 蔡东藩写演义　074	〇四一 红色的起点　133
穷书生著传世名作	漫漫长夜里的一盏明灯
〇二一 创办《新青年》　076	〇四二 澳门血案　136
一管毛锥，胜过百万雄师	纸老虎怕动真格
〇二二 北京大学校长蔡元培　079	〇四三 宋庆龄脱险　139
群贤毕至，少长咸集	巾帼英雄，大智大勇
〇二三 毛泽东护校　082	〇四四 邓小平巴黎办刊　142
峥嵘少年，志趣非凡	真理就是这样扩散的
〇二四 张勋复辟　085	〇四五 刘少奇赴安源　145
螳臂挡车，注定失败	中国的无产阶级是最革命的
〇二五 孙中山铁路宏图　089	〇四六 朱德在德国　148
他继续为改变中国努力	跋山涉水，只为真理
〇二六 连横著史　093	〇四七 "二七"大罢工　150
灭国先灭史，史不灭国不亡	军阀撕下了面具
〇二七 郭氏兄弟创办永安公司　095	〇四八 临城劫车案　152
诚信第一，顾客至上	此非清白世界，官无道，盗亦无道
〇二八 清官张澜　099	〇四九 瞿秋白与《国际歌》　154
清清白白做官，安安稳稳度日	从来没有救世主
〇二九 杨三姐告状　101	〇五〇 海上名家王一亭　157
媒体的功能，可谓大矣	画人长佛心，慈善走东瀛
〇三〇 《狂人日记》　103	〇五一 《爱的教育》风靡全国　159
礼教吃人，救救孩子	心之力无疆
〇三一 梁启超远游欧洲　105	〇五二 农运大王彭湃　161
行走万里，胜读万卷书	中国许多事还是要从农民做起
〇三二 火烧赵家楼　107	聚焦：1912年至1928年的中国　164
怒吼吧，中国	
〇三三 靖国军总司令于右任　110	
书生典兵，徒有大志	
〇三四 中国人吸中国烟　113	
实业救国，功不可没	
〇三五 范旭东办厂　115	
倚开拓得以久大，要久大必须开拓	

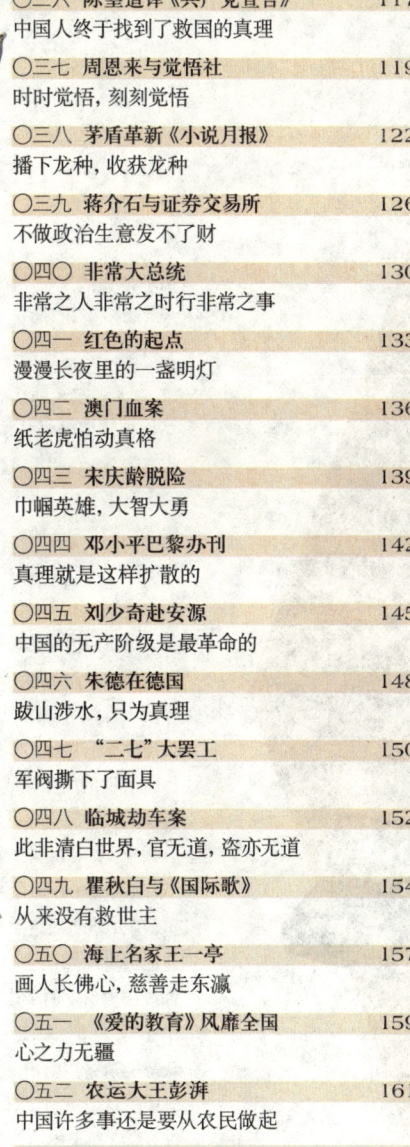

现代中国三十八年

上海社会科学院研究员　盛巽昌

> 历史是人的历史，所有的人都参与历史的创造。

> 现代中国史和我们关联极大。我们的前辈历经艰难困苦，走过了那段艰苦的岁月。今天的人们正追寻他们的足迹，从中解剖、分析、汲取知识、智慧和启示，获得成长和进步的经验。后来者总是站在前人的脊梁上创造、前进，这样就更聪明、高大了。

> 这段现代中国史就是，从辛亥革命中华民国创建，成长、衰败、崩溃，到中华人民共和国成立的三十八年历史。

> 三十八年在中国悠久历史长河里只不过是条微不足道的小溪。中华五千年文明史丰富灿烂，在这块肥沃的大地上出现过万千个可歌可泣、可悲可叹的人和事，可哪朝哪代能与现代中国三十八年相提并论呢？在这短暂的艰辛岁月里，它所创造的奇迹，完成的功勋，承负的重担，焦劳困苦，竭蹶时形，那是过去任何一个时代、一个世纪，甚至十几个世纪的总和也难以比拟的。中华民族到了最危险的时候，光明与黑暗，统一与分裂，正义与邪恶，和平与战争，前进与倒退的变奏，伟大与卑劣，庄严与丑恶，英雄与屠夫，巨人与侏儒的共存，织就了现代中国三十八年一幅悲壮、慷慨，足以传承子孙百代的永垂不朽的画卷。这段历史承前启后，永远是中华民族的瑰宝，是产生于特定时空而又能超越时空，藏诸名山传之后世的中华文明。这也是中国人对世界的极大贡献，为世界文明史写下光辉灿烂的篇章。

> 读历史，更要读现代史。

> 鸦片战争后，开眼看世界的中国人，惊呼遇到了"数千年来未有之变局"。现代史三十八年里，国人处变局之中奋发图强，找寻救国救民之路。今天的中国，正处于民族复兴千载难逢的历史机遇期。中国关心全球，全球聚焦中国。这就需要我们爬梳、解读、认识、重温那段历史引发的情感和文字，找回失落许久的民族自尊、自信、自爱和自强的民族本色。忆往昔，峥嵘岁月稠。孙中山等辛亥革命志士前赴后继，结束了几千年封建王朝，剪去了象征大清帝国的辫子。以毛泽东为代表的共产党人，抓住中国革命的农民问题，提出了指导中国革命的科学理论，进行了土地革命，后来又在两个命运的决战中，建立了人民共和国。革命尚未成功，同志仍须努力。我们正在做我们前人从未做过的事业，我们的目的要达到，我们的目的一定能达到。这些出现在现代中国史上的伟大豪言壮语，至今读来仍虎虎生风，激励人们奋发有为，自强不息。

> 三十八年历史莽莽苍苍。

> 它是中华五千年历史长河最大的曲折处。几千年的道德、文化，乃至生产、生活方式，此时

总序二

革命胜利的标志性成果。孙中山以恢复《临时约法》为号召,南下广州,组建中华民国军政府,继续推动反对北洋军阀统治的斗争。

> 由于全国人民的努力,中国的近代民族工业和科学文化有了长足的发展,在反帝反封建斗争的推动下,出现了新文化运动。这场运动以提倡"民主与科学"开始,各种思潮相互激荡,形成了自春秋战国时期以来第二个"百家争鸣"时期。这场运动极大地提高了人们的思想觉悟,1919年爆发了声势浩大的"五四"反帝爱国学生运动。这场运动很快发展成"六三"全国大规模的罢工、罢课、罢市的"三罢"斗争。

> 俄国十月革命胜利的消息传到中国,先进的中国人受到鼓舞。最早向国人介绍十月革命的是李大钊。他写了《庶民的胜利》、《布尔什维主义的胜利》等文章,对中国人民进行了马克思主义的启蒙教育。

> 1919年1月陈独秀在《新青年》杂志上发表文章,要人们拥护"德先生"和"赛先生",认为只有这两位先生才"可以救中国政治道德上学术上思想上一切的黑暗"。四个月后,1919年5月,《新青年》杂志为纪念马克思诞辰一百周年发表了《马克思主义研究专号》。

> 早期,中国人民反抗北洋军阀黑暗统治的斗争停留在二次革命、白朗起义、护国运动、护法运动的水平。随着思想启蒙的深入,马克思主义在中国的传播以及十月革命给中国人民带来的鼓舞,出现了新亮点:马克思主义与工人运动相结合,1921年中国共产党成立了。孙中山赞成"国共合作",召开了中国国民党第一次全国代表大会,并在苏联援助下创办黄埔陆军军官学校,组建党军。黄埔军校培养了一支有战斗力的革命部队,准备北伐——以武力铲除军阀。首先在两广地区平息了军阀的叛乱。1925年3月,孙中山病逝并没有影响讨伐军阀的进程。1926年任命蒋介石为国民革命军总司令开始北伐,当年克复了武汉。1928年12月29日,张学良在东北降下五色旗,升起青天白日旗,结束了北洋军阀在全国十七年的黑暗统治。

> 1927年蒋介石、汪精卫先后发动"四一二"、"七一五"政变,大肆屠杀,驱逐共产党人,国共分裂。中国共产党人在极其艰苦的条件下,在若干地区发动武装起义。最重要的是进军井冈山,建立工农革命根据地。井冈山迎来了中国革命的高潮。

> 本书作者们选择若干故事,用生动活泼的文字向读者展示这段历史。我相信,读者在趣味盎然的同时,一定会依照自己的思考,得到有益的启示。

把中国历史的秀美景致尽收眼底
本书导读示意图

《话说中国》作为融故事体的文本阅读、精彩细腻的图片鉴赏于一体的中国历史百科全书,其中包含着无数令人神往的中国历史的秀美景致,它们经纬交织,互为表里,形成了中华民族上下五千年的灿烂文明。

如同游览名山大川离不开导游和地图的指点,通过以下图例的导读提示,读者定能够尽兴饱览祖国历史美景,流连忘返。

随时感受历史文化的魅力与编纂创意的匠心

整个版面构成充分体现出本书以故事体文本为主体的特点,体现出本书作为历史百科全书的知识信息密集、图文并重的特点,使读者在本书任何一个页面上,都能感受到历史文化的魅力与编纂创意的匠心。

导读、段落标题与编号,
能更好地理解故事精髓,更好地运用故事

为了更好地理解故事,在实际学习生活中运用故事,本书在故事体文本中,特地为读者准备了故事导读、故事段落标题与故事编号等三个重要内容。故事导读是概述故事精要,它与故事段落标题,都是为了让读者更好地理解故事的精髓,同时让读者以一种轻松便捷的方式快速获得文本重要信息。

人物和关键词具有很大信息量和实用性

在每一则故事中,都含有故事核心内容(即故事内核)、故事人物等基本要素。本书将此提炼出来,标注在每则故事的右上角(加上故事来源),使之具有很大的信息量和实用性。

建构多元、密集的知识性信息,
构成了全书另一个重要组成部分

以密集的信息,弥补故事叙述中知识点不足的局限,从而使故事的感性冲击力与历史知识的理性总结达成高度的统一。它让读者既见树木,又见森林;既享受了故事所带来的审美快感,同时又能寻绎历史的大智慧。如"中国大事记""世界大事记""历史文化百科"和图片说明文字等专栏中的有关内容,都是经过精心选择的练达的知识板块,既是历史知识的精华,又是广泛体现"活"的历史,体现当时社会人生百态,体现当时寻常百姓的寻常生活。

再现历史现实的图片系统

图片内容涵盖面广泛,能够深入再现历史现实,观赏效果细腻独到,立体凸现了每一不同历史时期社会生活各方面的发展变化。透过生动的"图片里面的故事",可以体味其中蕴涵着的深刻内容,堪称是历史文化的全息图像。

《话说中国》以精美绝伦的文字和图片,将中华民族最可宝贵的民族精神和生生不息的文化传统,演绎得生动而传神。看了这张导读图,你就开始一程赏心悦目的中国历史文化之旅吧。

故事标题。

故事编号:与"人物""关键词"等相联系。

历史文化百科:是精选的历史文化百科知识,分别涉及政治、经济、文化、科技等十余个知识领域。

- 中国大事记：以每卷所在历史年代为起止，精选与故事相应相近年代的中国历史文化重大事件，以此体现中国历史发展的基本脉络。

- 故事导读：概述故事精要，更好地理解故事精髓。

- 世界大事记：以中国大事记为参照，摘选相应年代的世界各国历史文化重大事件，以此体现本书"世界性"的理念。

公元1912年

世界大事记：法国罗曼·罗兰完成小说《约翰·克里斯朵夫》。

孙中山（中华民国临时大总统，《建国方略》作者）

孙中山　宋庆龄

人物　关键词　资料来源

- 人物、关键词、资料来源：将故事的人物、关键词提炼出来，标注于此（加上故事来源），使之具有很大的信息量和实用性。

右手指榜，以表示愿意追随孙中山，牺牲一切，完全、彻底服从孙中山的命令。

孙中山还在起草的《中华革命党总章》里，特别规定了党的宗旨是"扫除专制政治，建设完全民国为目的"，还规定党员按入党时间的先后，分为首义党员、协助党员和普通党员三类，它们在起义以后到宪法颁布期间具有各不相同的政治权利。

其中"首义党员"有参与政治的优先权利，即被称

中华革命党本部之印
中华革命党本部初设在东京，袁世凯死后迁回上海。本印刻于东京，为中华革命党的印信，1919年10月10日孙中山将中华革命党更名为中国国民党，此印即停止使用。

孙中山在东京
1914年11月17日，孙中山与日本友人梅屋庄吉夫妇合影，摄像是他长女回忆，1915年10月孙中山与宋庆龄的结婚典礼，就是在梅屋宅举行的，当时孙中山正在梅屋家。

- 图片：涵盖面广泛，能够深入再现历史现实。纵观整套书的图片，又分别构成了一个个独立的专门图史。

北洋军阀代表人物健康档案

姓名	籍贯	派系	死因
袁世凯（1859-1916）	河南项城		称帝失败后病死。关于得了什么病说法不一，据西医卜西尔、中医萧龙友的说，袁死于尿毒症
黎元洪（1864-1928）	湖北黄陂		数次出山担任总统，1923年被曹锟赶下台后，隐居天津张园，兴办实业，后死于脑溢血
冯国璋（1859-1919）	直隶河间	直系	曾任总统，下台后，隐居河间故业办公路，近死于肺病
徐世昌（1854-1939）	直隶天津		任总统后，下野后，迫乡寓公，1939年病逝
曹锟（1862-1938）	直隶天津	直系	贿选总统，后被冯玉祥赶下台，抗日战争期间，日军多次引诱其出任伪职头目，但他不为所动，后病死于天津
段祺瑞（1865-1936）	安徽合肥	皖系	皖系军阀首领，数度执掌北洋政府大权，下野后，隐居上海，吃斋礼佛，1936年病死
吴佩孚（1874-1939）	山东蓬莱	直系	直系军阀重要头领，北伐战争战败后，下野做寓公，抗战爆发后，拒绝日本引诱出任伪职，为日本医生所害

- 以直观的表格形式，便于读者对分散信息作系统的查考。

- 故事段落标题：揭示本段故事主题，具有阅读提示和增加阅读悬念的作用。

- 图片说明文字：深入揭示图片"背后"的历史文化内涵，读完这些文字，就会对图片有新的发现和新的认识。

015

1912年 〉　〉　〉　〉1928年

前言

公元1912年至公元1928年
激变创新而动荡不堪的时代
民国初年

东华大学历史研究所所长、教授　廖大伟

走向共和 　这是一个激变创新的时代。翻江倒海，仿佛一瞬间来临。乾坤颠簸，一切又顺理成章。由于压抑得太久，痛苦已经不堪忍受，所以当武昌城内枪声响起，一抹星火便迅速燎原。国家的尊严，已被清王朝丢尽。民族的振兴，总是步履维艰，延误到如今。革命已成普遍的选择，不革命已经不能救亡图存，不革命更无法追赶世界，大步前进。这个时代一开始便高潮迭起。中华民国建立，亚洲第一个共和国从此诞生，开局气势磅礴，而且立马革故鼎新。龙旗掀倒，帝制终结，共和高奏，约法颁行，摹仿西制，采择先进，心态是求变求快，抱着后来居上的憧憬。那时起，公历取代阴历，习俗除旧布新，女人不许缠足，男人不留辫子，政党亮相竞争，总统也要选举，议会立法监督，权力分割制衡，政府鼓励工商，民间舆论自由。新理念，新事物，新格局，新氛围，如铁树开花，枯枝发芽，印证着中国正踏上新的征程，朝着民主与现代化扬帆破浪。 ▶ 这又是一个动荡不堪的时代。从1912年元旦孙中山宣告中华民国建立，到1928年12月29日张学良宣布东北易帜，前后不过十七年，但是却乱象连连，为历史罕见。那时疆土广袤，蒙古大草原还连成一块，但分裂的阴影却时隐时现。那时言必称共和，台上台下都引为时髦，但战争的硝烟却忽起忽散。除了南争与北攘，政治暗杀与公开贿选也不绝于耳。这个时代曾经充满激情，仿佛看到了希望，可惜又复沉沦，陷于迷茫一片。舞台上各个派系不停地轮换表演，枪炮成了指挥棒，变得说一不二。列强隐藏在背后各自扶持代理人，明火执仗面目最狰狞的是那日本，可怜四万万黎民百姓又苦又累水深火热，头顶乌云挥之不去依旧被压得窒息难喘。 ▶ 不过沉沦中并非一无是处，迷茫中并非到处漆黑。这个时代民族资本也曾辉煌过，那是西方列强忙于世界大战暂时留下的缝隙。这个时代政治动荡，道德沦落，然而思想文化领域则相对宽松，不乏活力。巴黎的屈辱，激起社会民众的心中怒火和幡然醒悟。俄国布尔什维克的胜利，更拓实了马克思主义东渐播种之路。国共两党先合作后反目，北洋军阀最终固然被国民革命掀翻打倒，但取而代之的还是一个专制时代，国民党蒋介石继而统治了二十二年。

权力制衡 　1912年1月1日上午，身着黄褐色呢质军服，头戴红边军帽的孙中山，出现在上海沪宁火车站。他将前往南京就任中华民国临时大总统，战友胡汉民等也一同随行。下午6时许，专列驶抵终点后又换马车，此时黄兴及各省代表们已在临时大总统府等候迎接。这里前不久还是大清王朝辖治"两江"的总督衙门，现在变成了中华民国临时大总统的办公地点和住所，当晚临时大总统就职典礼也要在这里举行。典礼简短而隆重，欢呼声中激动莫过于孙中山本人。这位46岁的中年男子，十七年前就将生死置之度外。他先后组织革命团体，发动过十次武装起义，遭到悬赏通缉，长期流亡海外。他千辛万苦，百折不挠，就是为了创建中华民国，让百姓能够当家作主，今天终于有了结果。总统宣誓就任，但政府机构还未组建，于是孙中山很快提出一份人选名单，希望临时参议院审议通过，以便政府迅速开展各项工作。他提名陆军部总长黄兴、海军部总长黄钟英、外交部总长王宠惠、内务部总长宋教仁、财政部总长陈锦涛、司法部总长伍廷芳、教育部总长章太炎、实业部总长张謇、交通部总长汤寿潜。可是没有想到，这份经过斟酌的提名首轮便被临时参议院否决掉。投反对票的主要针对三个人，一是宋教仁，认为心气太高，一是章太炎，说是性格孤傲，一是王宠惠，觉得阅历尚浅。黄兴再向临时参议员们进行解释，争取他们的谅解和支持。经过黄兴的斡旋，调整后的政府人选终于获得了通过，他们是陆军总长黄兴、海军总长黄钟英、外交总长王宠惠、内务总长程德全、财政总长陈锦涛、司法总长伍廷芳、教育总长蔡元培、实业总长张謇、交通总长汤寿潜。为什么临时大总统在政府人选问题上说了不算，为什么如此受人爱戴敬仰的孙中山也不得不有所坚持但基本妥协，原来起义之后独立各省的代表曾经集体讨论制订了《中华民国临时政府组织大纲》，其中规定，政府各部总长由临时大总统任命，但须经过临时参议院审议通过。作出这样的规定，目的就在于将国家元首与国会权力分割制衡，防止专制独裁，以确保民主政权模式。代表们共同商议国家大事，以投票表决取多数的方式作出决定，这无疑效仿西方的民主原则，体现自由平等的价值理念和未来政治取向。以这种方式作出的决定，那便是民主的决定，而民主的决定，那必须人人遵守。孙中山所以就此问题有所坚持但基本妥协，最终使问题得到妥善解决，正是基于民主必须落实权力必须制衡的个人信仰和时代精神，出自他对民主决定和民意机构的尊重，出自他对民主的承诺。此后，在许多问题上，临时大总统与临时参议院都坚守着各自的权力，保持着这样的关系。

> 公元1912年至公元1928年
> 激变创新而动荡不堪的时代
> **民国初年**

唯武为大 就个人而言，袁世凯无疑是辛亥革命的最大赢家，他不仅得以东山再起，而且成为南北一致的临时政府大总统。袁世凯赢得幸运，许多机缘巧合成就了袁世凯。袁世凯赢得必然，许多因素汇集在一起便趋之不可逆转。历史选择袁世凯，首先离不开当时社会心态。天下太平是社会普遍心理，有时为了明天更好些，民众愿意忍受忍耐，甚至作出一定牺牲也心甘情愿，但是一旦达到他们聊以自慰的期待，便会渴望立刻天下安定，不想朝前再迈步。他们把清帝退位看作是天下大事已定，他们把共和一词仅仅理解为汉人当家作主，既如此，那么袁世凯也好，孙中山也罢，谁当总统都无所谓，只要从此不打仗，天下能太平，也就心满意足。其实一开始，南方就已确定以大总统位子争取袁世凯反正的基调，虽然内心深处不是没有犹豫，但除此之外并没有什么更好的捷径。南北军事力量相比，袁世凯明显占上风，他不仅控制训练有素的北洋六镇七万精兵，还能指挥北方其他军队，可调动的总兵力将近二十万。况且北洋军人唯袁是从根深蒂固，一个个军官，不是亲信便是旧部，素来都视袁世凯如父母。反观南京临时政府掌握的民军虽然人数不少，

019

但武器装备、指挥配合及实际战斗力则要远远逊色,所以胡汉民用了"乌合"两个字形容。国家秩序重建得凭借军事实力,国家权力归属同样离不开实力基础。列强所以青睐袁世凯,着重考虑在华既得权益和人员生命财产的安全,南方所以争取袁世凯,重点基于革命快成功,避免国家分裂和百姓因战争而继续蒙难。当这一思路一旦定型,曾经的犹豫便变成侥幸,希望通过"诚恳的劝告,严密的监视,感动他,鼓励他,使他不能不好",可是袁世凯上台之后,渐渐走向了希望的反面,不仅独裁,还想称帝,唯武为大的危害终于大暴露,并留下后患无穷。袁世凯死后,北洋军阀群龙无首,不久分裂成直、皖、奉三大派系。三大派系为了争夺中央权力以及扩张实力与地盘,不仅践踏法律,祸乱行政,还兴师动众,穷兵黩武,一会儿向南方用兵,一会儿相互交战,动辄几十万军队,倒霉的是民脂民膏,牺牲的是百姓生灵。先是国务总理段祺瑞与国家总统黎元洪之争逐步升级。段有皖系,背后还有八省督军同盟支持,黎在北京没有一兵一卒,只好求助徐州的张勋带辫子军前来调停。可是张勋却有自己打算,入京之后立刻清帝复辟。闹剧收场段祺瑞重新复职,当日本同意借款,他便要武力统一全国。黎的继任者冯国璋和他的直系集团担心皖系一枝独大,反对向南方用兵,结果直皖之间又矛盾激化,以致彼此大战一场,最终北京政权落入了直系与奉系的手里。联合执政未满两年,1922年4月直奉又爆发战争,奉系张作霖败退东北,直系取胜但内部形成吴佩孚为首的洛阳派和支持曹锟的保定派。一年过后曹锟通过贿选当上总统,约五百名国会议员以五千银元不等的价格被收买。公众信心一落千丈,人们对北京政治的武化现象深恶痛绝。同样孙中山在南方也麻烦不断,受困于西南军阀的覆雨翻云。他没有自己可以掌控的军队,所以要借助地方实力派,结果因此一次又一次遭到排挤,甚至连旧部陈炯明也在羽毛丰满之后发动叛乱。1924年9月江浙战争爆发,准备就绪的张作霖趁机向直系宣战。出乎意料的是,当吴佩孚统领十七万大军开赴前线迎敌时,第三路军冯玉祥却潜回北京发动军事政变,导致直系全线崩溃。改称国民军的冯玉祥部与奉系联合邀请段祺瑞出任临时执政,并邀孙中山进京商讨和平统一事宜。孙中山抱病北上,最终在北京逝世,临终仍惦记着"拯救中国"。可是武人们已经尝到权势的滋味,哪肯轻易放弃,于是你抢我夺,朝友夕敌,大肆搜刮,聚敛钱财,媚外求荣,这些现象就像家常便饭。折腾到最后,吴佩孚重新出山,控制着河南、湖北等地区;张作霖自封为总司令,占据着东北、直隶与山东;孙传芳在南京自立门户,统治着东南五省。其他大小军阀也同样唯武为大,靠枪杆子说话,不是拥兵自重,就是举兵扩张。中国此时已满目疮痍,四分五裂,北洋军阀统治在民国历史上最为黑暗。

新文化运动　袁世凯做了大总统后,犹嫌不足,图谋复辟帝制,为了进行舆论造势,在文化界掀起了一股"尊孔复古"的逆流。许多已经销声匿迹的遗老遗少、旧式文人趁机活跃起来。整个文化界的风气一时间乌烟瘴气,与新生的共和政权格格不入。早年曾留学日本的陈独秀在上海创办了《新青年》,发表文章抨击封建旧道德、旧文化。身在北京的同盟会元老蔡元培以"思想自由,兼容并包"为宗旨,聘请了鲁迅、李大钊、钱玄同、刘半农等新派留学生任职于北京大学。这所前清遗留下来学府一举成为了当时全国思想文化的中心,培养造就了一批具有新思想的青年。1917年1月,应蔡元培之邀,陈独秀和他的《新青年》都来到了北京。《新青年》周围因此聚集了陈独秀、李大钊、胡适、鲁迅、钱玄同等精英人物。他们以倡导民主科学为职志,提倡白话文、打倒孔家店,甚至有激进者提出废除汉字的主张。1917年11月7日十月革命一声炮响,为中国送来了马克思主义。新文化阵营内部发生了分化，胡适等崇尚西式民主自由，依然对民主宪政醉心不已。陈独秀、李大钊等感受到以马克思主义为指导理论的劳农政府不同以往的魅力。特别是巴黎和会、五四运动等一系列重大事件强列地冲击着当时的许多有识之士，他们放弃对西方宪政的幻想转而效仿苏俄，成立了中国共产党，寻求救国救民的真理。胡适等自由派群体在宪政之路上苦苦追寻，前途依然迷茫，陈独秀、李大钊等共产党人却在通往共产主义的道路上看到了新世纪的曙光。

国家统一 ▷ 巴黎和会让中国人感觉非常不快，西方列强似乎不值得模仿和信任。与此相反，马克思主义指导俄国革命取得了成功，新生的苏维埃政权立刻以友善示华，令许多中国知识分子心里觉得温暖，备受平等待我的感动。孙中山也急于改组国民党，想注入新鲜血液，并寻求苏联的援助。共产国际鼓励国共两党进行合作，国民党一大终于迈出合作的脚步。孙中山不幸逝世，但北伐大业并没有停步。黄埔军校已经培养出一批有信仰的军人，在统一两广稳定了根据地之后国民党中央决定北伐，任命蒋介石为总司令，1926年7月国民革命军九万余人踏上了征程。对手吴佩孚、张作霖、孙传芳各拥兵二三十万，由于采取各个击破的正确战略，加之共产党人、工农群众以及苏联政府的支持帮助，北伐军从广州到华中，一路势如破竹，1927年3月又攻克上海和南京，愈战愈勇。▷然而挺进之中帝国主义不断阻挠，国民党内不时发出反共的声调，此时膨胀起来的蒋介石率先向共产党以及其追随者举起屠刀，随后各地腥风血雨，白色恐怖，国共合作宣告破裂，国民党内部宁汉之争却开始降温并最终合流。▷1928年4月蒋介石下野又上台，与冯玉祥、阎锡山、李宗仁联合举行二次北伐，结果攻占了京津。奉军撤往关外，北京政府垮台，撤退途中的张作霖被炸身亡。面对国耻家仇，张学良是年年底宣布服从国民政府，东北改易旗帜，国家又重新实现了统一。

经济与文化 ▷ 民国初年，中国经济状况基本呈现长升趋势。尤其北洋军阀统治时期的1914年至1922年，更是中国民族资本主义发展的黄金时代。这种现象似乎不合逻辑，然而数据实实在在。1914年至1920年，民族产业资本平均年增长率超过百分之十，各主要行业均获得了快速发展，卷烟业的年增长率甚至达到了百分之三十点七。以面粉业为例，1915年开始由先前的入超变为出超，而且出口量逐年增长，价格和利润也在不断地攀升。1921年，全国已有面粉厂137家，资本总额达三千余万元，日生产能力超过了31万包，形成了中国机器面粉业前所未有的发展高峰。当时一般居民的生活水平，也有了相应改善，一位普通工人月工资约22元，不仅一人可以养活一家四口，而且年终略有节余。▷思想文化和教育领域同样也显得宽松与活跃。新文化运动波澜壮阔，新教育思潮奔腾翻涌。白话文从那时起步，学术自由那时风行，男女同校从那时开始，后来的学制也在那时基本定型。▷政治动荡、战争频仍的年代，经济与文化为何会呈现如此景象，因为共和的招牌还有余威，人们的爱国热情和社会的救国探索依然未减，好在武夫们自己不谙，也就未加更多的干涉，结果反而成了好事。当然，经济高涨还与当时的世界环境有关，第一次世界大战和世界金融货币体系的变动，均提升了中国产品在国内外市场的竞争力，使得国货变得畅销，由此中国民族资本主义获得迅猛的发展。历史有时匪夷所思，但其必有内在的逻辑。

公元1912年至公元1928年
激变创新而动荡不堪的时代
民国初年

021

井冈晨曦

1912年 民国（一） 1928年

1928年中华民国行政区划全图

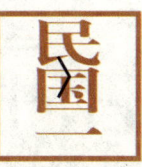

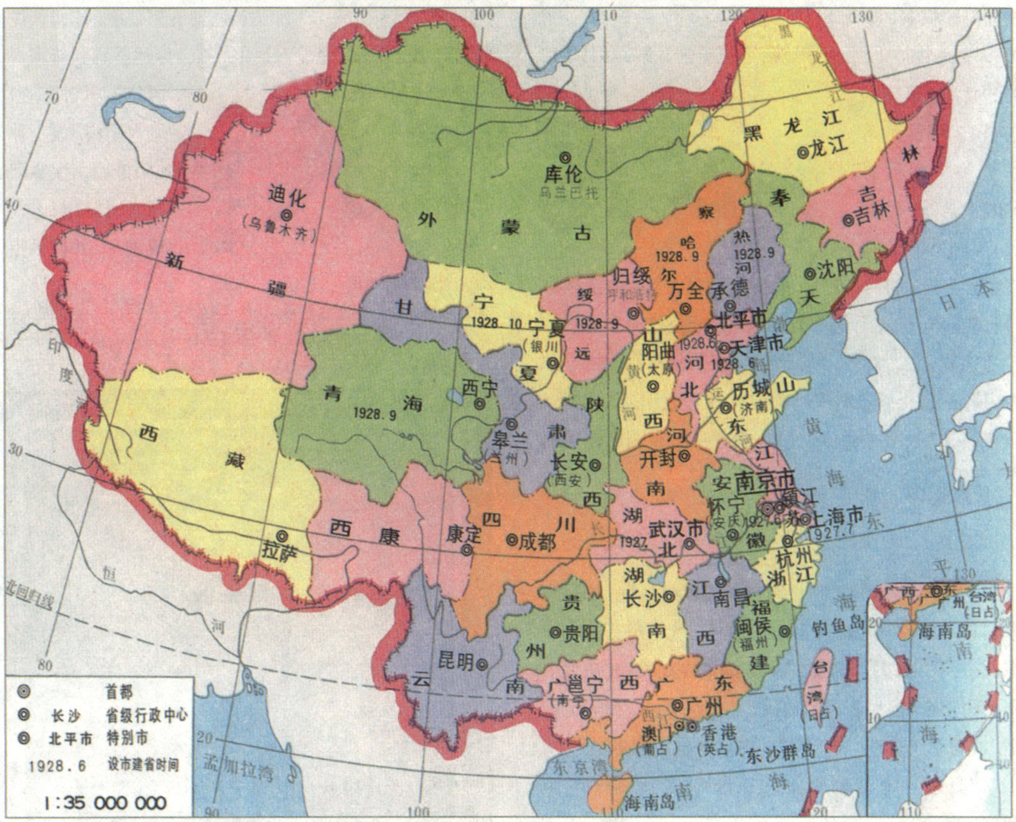

选自武月星主编《中国现代史地图集：1919—1949》

公元1912年

中国大事记

1月1日,孙中山自上海抵南京宣誓就任临时大总统,发布宣言书及告海陆军士文。中华民国成立。

公仆孙中山

孙中山在总统就职典礼上说:"人民是国家的主人,我是人民的公仆。"他是中国历史上第一位要做人民公仆的国家元首。

人民是主人,官吏是公仆

1906年12月,《民报》召开成立一周年庆祝大会,孙中山发表演说,明确表示"平等自由原是国民的权利,官吏却是国民的公仆"。武昌起义后,清朝统治迅速土崩瓦解,1911年12月29日,宣布独立的各省代表在南京选举中华民国临时大总统,结果孙中山以超绝对多数票当选。得到消息后,孙中山欣然接受。他给独立各省发去电报,表示各省代表选自己担任临时大总统,"乃认我孙文为公仆,从此自当竭尽全力"。同时,孙中山还把公仆思想纳入国家政权建设之中,强调国家政权必须"以服务为要领",国家机关凡事当以人民为重,要为人民办实事,办好事。

平民总统,人民公仆

1912年1月1日下午5时,南京城里城外礼炮齐鸣,彩旗飘扬,迎接孙中山的到来。在临时总统府举行的就职典礼上,孙中山庄严宣誓:"推翻满清专制政府,巩固中华民国,谋求人民幸福自由,此乃国民公意,我一定遵循。我将忠于国家,履行职责,竭诚为大众服务。"孙中山以"服务"为执政理念,也是在告诫"公仆"们时时牢记这一点。

就职典礼结束后,孙中山不顾冬夜的寒风,亲自送各省代表走出大堂。大家数次请他留步,他回答说:"人民是民国的主人,总统是人民的公仆,各位是主人的代表,我理当送至阶下。"

孙中山手书"天下为公"(上图)

"总算见到民主了"

孙中山就任临时大总统后,一位八十多岁的老人自扬州来到总统府,要求瞻仰大总统风采。传达员问他有何公事,他回答说没有什么公事,只想看看民主气象。传达员感到奇怪,因此拒不引见,但老人坚持不走。孙中山闻讯后,立即问明情况,将老人请进来,并握手相

临时大总统孙中山
这是中国第一个民选的领袖,1912年4月3日,孙中山辞去总统。他以民众公仆的身份走进总统府,在离开后,仍是民众的公仆,为民族前途奔波。

公元1912年

世界大事记：1月18日，俄国社会民主工党第六次代表大会在布拉格召开，正式命名为"俄国社会民主工党（布尔什维克）"。

人物：孙中山　**关键词**：胸怀民本　**资料来源**：孙中山《孙中山全集》、陈锡祺《孙中山年谱长编》、《辛亥革命回忆录》

迎。不料老人三跪九叩，行起君臣礼来。孙中山急忙将老人扶起，告诉他总统是国民公仆，是为全国人民服务的。老人半信半疑，问总统若是离职后呢？孙中山回答说总统离职以后，又回到人民的队伍里去，和老百姓一样。老人告辞时，孙中山又派人护送他出府。老人高兴地说，今天我总算见到民主了！

天下为公，两袖清风

"天下为公"是孙中山经常题写的四个字，也是他始终不渝的奋斗理想。他一生严以律己，廉洁奉公。

孙中山担任过中国同盟会总理、中国国民党总理、中华民国临时大总统和中华民国军政府大元帅等要职，但从不追求高官厚禄，从未给自己和亲属置办过任何家产。武昌起义前，孙中山经手的华侨捐款不下150万，但自己却时常陷于不名一文的窘境。南京临时政府成立

同盟会元老合影
1911年12月26日，孙中山在上海临时寓所与黄兴（右四）、陈其美（右一）、宋教仁（右二）和胡汉民等同盟会领导人商议临时政府政体。会上，宋教仁主张采用内阁制，设总理；孙中山主张总统制，暂不设总理。最终孙中山的意见被采用。

中华民国临时参议院成立时孙中山与议员合影
1912年1月28日，中华民国临时参议院在南京成立，到会者十七省议员共38人。前排左三起：蔡元培、黄兴、孙中山、赵士北、魏宸组、胡汉民。

025

公元1912年

| 中国大事记 | 1月1日陆费逵、戴克敦在上海创办中华书局。 |

孙中山赴南京
1912年元旦清晨，上海各界在火车站欢送孙中山赴南京就任临时大总统。图为欢送时留影。

都督。孙眉是华侨资本家，多年来一直资助孙中山，几度濒临破产，还因与孙中山的兄弟关系多次受到牵连。孙眉觉得自己对革命有贡献，又是别人推举，还有弟弟是大总统，所以做都督应该没问题，于是他带了一班人马来到南京，等待弟弟的答复。可是孙中山认为不妥，没有批准。他耐心地劝导大哥说，做生意你熟悉，处理政务你不在行，还是做你的生意好，再说我是国民的公仆，不能滥用权力呀！孙中山晓之以理，最终使大哥心服口服。 ▷廖大伟

后，他数次谢绝另建办公处，要求部下"革命创简朴，不带官气"。所以，临时大总统府就设在清末两江总督署内，他自己则在院内西部一座平房内办公，在另一座简朴小楼中居住。

劝兄不为官

孙中山兄弟姐妹，没有一人出来做官。
1912年初，广东有人提议孙中山的大哥孙眉做广东

临时大总统孙文告海陆军士文
孙中山担任临时大总统当日便发布了这份公告，劝导海陆军人以民族大业为念，拥护共和、民主。文中所提及的排满革命的思想，可见当时民族主义的局限。

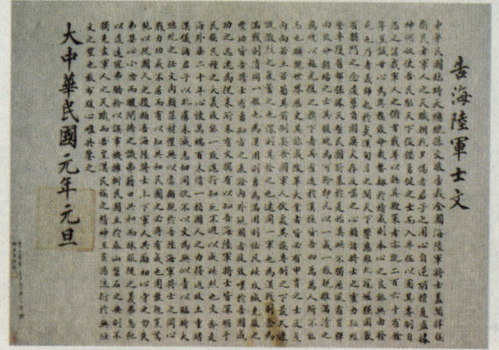

南京临时政府总长、次长列表		
陆军部	总 长	黄 兴
	次 长	蒋作宾
海军部	总 长	黄钟瑛
	次 长	汤芗铭
外交部	总 长	王宠惠
	次 长	魏宸组
财政部	总 长	陈锦涛
	次 长	王鸿猷
司法部	总 长	伍廷芳
	次 长	吕志伊
内务部	总 长	程德全
	次 长	居 正
教育部	总 长	蔡元培
	次 长	景耀月
实业部	总 长	张 謇
	次 长	马君武
交通部	总 长	汤寿潜
	次 长	于右任

公元1912年

> 世界大事记：1月，意土战争激战正酣。同月15日，意大利首次使用飞机散发传单。

人物：黎元洪 张澜
关键词：守旧 激进
资料来源：《中国历史秘闻轶事》《民国旧事》《张壮年》《申报》

○○二

剪辫子是清朝灭亡的一个标志

从晚清到民国建立，剪辫子浪潮已成为由个别地方到全国、自下而上又是自上而下的群体行为。这不是单纯的移风易俗，而是一场政治运动，是辛亥革命时期的重大社会生活。

但它不彻底，这根辫子，不是人人都能根除的，有的人畅快地一刀两断，也有依依不舍，但无可奈何随波逐流，更有的是继续保留它。

留学生率先剪辫子

头发结辫子，本是北方若干民族传统习俗，但满洲贵族却用于奴役、侮辱其他民族的基本人格的政治压迫。剪辫子也标志着推翻满洲贵族的封建王朝。

早在晚清，先进的中国人就开始剪辫子了。首先是留学欧美和日本的青年。1895年孙中山和陈少白就剪去了发辫；周树人（鲁迅）赴日本留学也剪了，回来就戴个假辫子。

辫子实在不方便、不雅观，当时清政府练新军，就下令将发辫置于军帽里，高高凸起，一副怪样。1908年，慈禧太后死了。两年后载涛允许所部京城禁卫军剪辫。辛亥革命爆发后二十天，清政府下令剪辫。12月13日，总揽军政大权的袁世凯剪辫，接着北洋军军头王士珍、段祺瑞、冯国璋等也带头剪辫。不久，北京外务部命所有官员剪辫，与此同时，地方各处清军也奉旨剪辫。

在此期间，革命党人和各界代表也清除未剪者的辫，像朱执信，原先因革命需要，用辫子为掩护，武昌首

剪辫子

中华民国成立，大总统发布了关于剪辫子的命令，各地纷纷剪辫子，这一举动成为革命的标志。

沪军都督陈其美下令剪辫子（中左图）
陈其美在上海光复前，为了掩护革命，拖着辫子。光复后即剪辫。他说："除此数寸之胡尾，还我大好之头颅。"1911年上海光复后，作为都督的陈其美下令剪辫子。图为张贴于上海各城门和大街小巷的布告。

四川军政府命令全省各府县剪辫子（中右图）

义后也就剪了，黄炎培也说：我们参加革命工作的，必须到最后关头才剪辫子，辫子是最好的掩护物。当时的前清状元张謇，将剪掉的辫子寄回南通老家，并在日记上注明："此亦一生之大纪念也。"稍迟些的，就会被逼着剪。武昌起义，成立的军政府张贴公告，号令剪辫，民众大多剪了，

民国初年男子新发型

公元1912年

> **中国大事记**
> 2月12日，清帝溥仪下诏退位，命袁世凯全权组织临时共和政府，与民军协商统一办法。

剪辫子

武昌起义后，各地民众把剪辫子作为革命行动，与推翻封建王朝相关联，如火如荼地行动起来。正如瞿秋白所说：皇帝倒了，辫子剪了。

可是临时大都督黎元洪，却拒绝剪辫。革命党人见他还拖着一根长辫子，就拿着手枪警告他必须剪辫，否则就不客气了。他只得无可奈何说：" 明天找个理发匠，将辫子剪去好了。"似乎仍留恋不舍。话音未落，起义士兵丁仁杰、刘度成乘他不备，拿起大剪将它剪了，显出圆圆的光头。他们竟抚着黎元洪的光头揶揄："都督好像个罗汉。"黎元洪只得苦笑："有点像弥勒佛。"

各地剪辫子

辛亥革命武昌首义后，革命浪潮席卷全国，东南沿海地区的人们纷纷剪掉辫子。据说在胡汉民任都督的广州，几天里就有十二万余民众自动剪辫，在那里梳头匠多

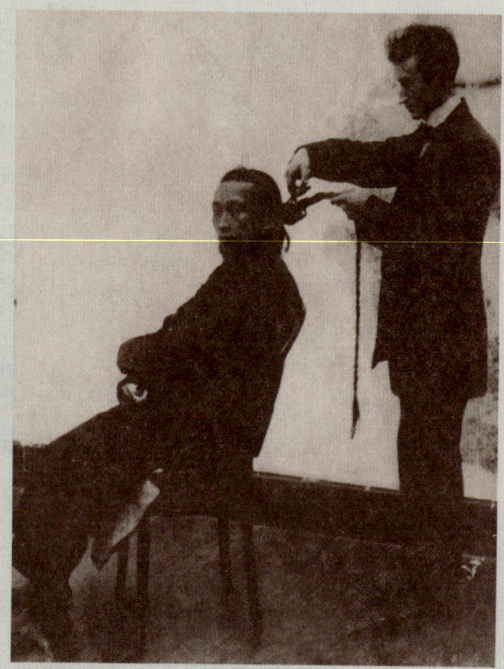

洋人帮忙剪辫子

剪辫令颁布后，理发匠忙碌，门庭若市，也有外人自荐协助剪辫子。图为英国人施培福帮忙剪辫子。

改行为理发匠，理发行是最兴旺的商店，门口经常排起几百米的长队，商店角落里堆积被剪的发辫几与人高。在浙江也掀起剪辫潮。蒋梦麟说，他家乡余姚城，一夜之中就都剪了辫子。但在农村就难些。鲁迅小说曾叙述绍兴

> **历史文化百科**
>
> 〔民国礼仪〕
>
> 1912年8月17日，北京政府公布《礼制》，并宣布当日起施行，主要是规范男女礼节。
>
> 它规定男子行脱帽鞠躬礼，即在庆典、祀典、婚丧、聘问等隆重场合，须行脱帽三鞠躬礼，一般公宴、公礼，寻常红白喜事、交际场合，可行脱帽一鞠躬礼；通常交往相遇相别，则以右手脱帽置胸即可；女子均同，但不须脱帽。

公元1912年

世界大事记
2月8-9日，第二次英德海军谈判。

农村很少热衷，农民七斤进城被勒令剪了辫，回家即受到妻子七斤嫂的一顿哭泣和乡人们的奚落。

内地的城乡民众剪辫意识还要淡些。早在辛亥革命前夕，举人张澜在家乡率先剪了辫子，他出任革命军的川北宣慰使时，张贴布告劝导民众剪辫子，城镇都相继剪辫了，而乡村几乎很少有剪辫的。他生气了，命令在南充各城门口的卫兵，除持枪站岗，每人还发一把芟除杂草的大剪刀，凡是有蓄辫不去者进城，不由分说，就先咔嚓剪去。几天之后，南充的各城门口都叠起了高高的发辫堆。

大总统下剪辫令

因为剪辫的参差不一，以至不得不采取强制手段，也因为很多地区官府执行不力，由此促使孙中山不得不以"大总统令内务部晓示人民一律剪辫令"颁布，内称凡未剪辫者，应于本日起二十日内一律剪除净尽，有不遵者，由地方官强令执行。在此令前后，南方各省市主政者也多分别勒令按期剪辫，如上海沪军都督陈其美，即在四门张贴布告，亲自巡行大街小巷和僻角处，检查有否漏网的结辫者。

剪辫子并非易事

在军队里甚至还有抗拒。辛亥革命后，清朝灭亡了，但由南京撤退到徐州的前清提督张勋的定武军，全军上下五千人都留有一根长长的发辫，人称"辫子军"。张勋对袁世凯极为恭顺，却不肯剪辫。袁世凯也听任他去。

在北京紫禁城，溥仪凭借民国优待条件，努力经营"国中之国"，一切从清旧制，以至宫内几百个太监也都梳有长辫。三四岁的溥仪也是发辫，这条辫子一直留到1919年，即他十一岁那年，是听了美籍老师庄士敦劝说才剪去了的。那时候，紫禁城外的遗老遗少朔望朝见，有辫子的怡然自得，失去辫子为遮盖脸面，只得戴一根假辫。

> 盛巽昌

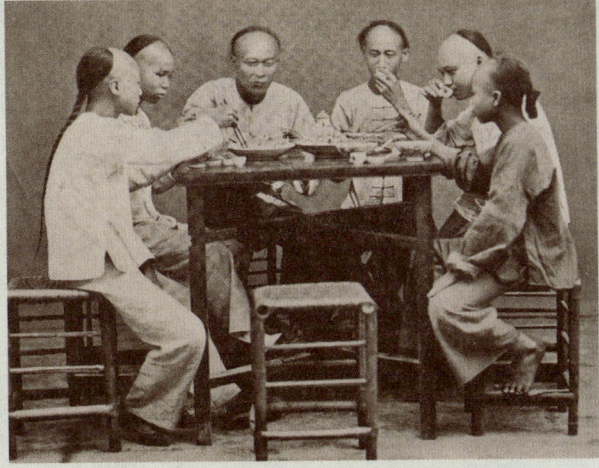

蓄辫（上图及左图）
《剪辫令》颁布后，在边远地区和若干农村仍有蓄辫。为此，1928年5月，南京国民政府又颁布了《禁蓄发辫条例》，要求在此条例颁布后三个月内剪除发辫。

029

公元1912年

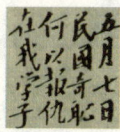

中国大事记 3月11日，孙中山公布《中华民国临时约法》。孙中山准铸一千万元纪念币，上面印民国第一任大总统肖像。

○○三 教科书革命

一个小小的出版社，初出茅庐，就坐上教科书市场的头把交椅。成功的关键，除了效率，还有判断和魄力。

陆费逵是中华书局的创办人和总经理。教育家俞庆棠称他是"中国的爱迪生和高尔基"。

露头角，自学成才

陆费逵没有进过正规学堂，他从小好学，自学成才。少年时就初露头角，小有建树。

1902年，17岁的陆费逵在南昌创办正蒙学堂，自任堂长。19岁，在武昌独自开设了新学界书店，专销当时列为禁书的《猛回头》、《警世钟》和《革命军》等书籍，自己还写了小说《岳武穆传》和《恨海花》，抒发了他的革命思想。但出于对自己的高要求，这两部作品一直置于书箱底，始终没有付梓。20岁，他又出任汉口《楚报》主笔，因揭露粤汉路借款密约，为湖广总督张之洞通缉，逃亡上海，出任昌明公司总理。

此后就教育、出版发表了很多有创意的文章，其中的《著作家之宗旨》，首次为中国著作家提出职业道德问题。他说，著作家应该为国民起到"涵性情，培人格，增知识，造舆论，泯祸乱，促进化"的作用，所担负的社会责任非常重大。

当时，只有21岁的他，已显示出极其机智、聪明的才能。

他的脑袋长得特别大，所戴的礼帽即便是上海最大的盛锡福帽店也没有这个尺寸，只能由帽厂定做。据说有一天，他的这顶帽子丢了，家人急得团团转，陆费逵却一点也不着急，只是让他们上旧货市场去寻找；后来果真在那里找到了。他笑道："我的帽子，别人拿去也是不能戴的，只能送到那儿廉价贱卖了。"

进商务，显露才能

陆费逵相当关注中小学教科书。早在1907年，他就对清政府学部

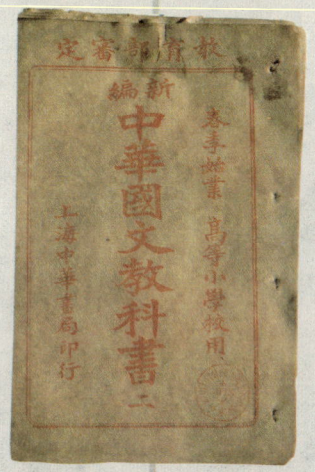

民初由中华书局编辑出版的教科书 由陆费逵等主编的新版教科书由于符合了当时的政治形势，迅速取得成功。他们主办的中华书局在很短时间内一跃成为与商务印书馆比肩的图书出版机构。

先进的印刷机 陆费逵主持的中华书局十分讲究出版物的印刷技术和印刷质量。他们印制的徐悲鸿、齐白石、张大千、刘海粟、潘玉良等著名画家的画集画册，印制质量堪称一流。

公元1912年

世界大事记：3月13日，塞尔维亚与保加利亚签订同盟条约。5月12日又签订军事专约。

人物：陆费逵　关键词：机遇　胆识　资料来源：俞筱尧《中华书局二十年之回顾》《陆费逵和中华书局》

上海福州路

福州路被称为"文化街"，在这里集中了上海绝大多数的书店、出版社。这里的一大特色是中小书店、出版社合一，前为店铺后为编辑部，附近设有印刷所。通常一部书由编辑到出售，周期仅一两星期，印数也只在一千册上下。

图书局编撰颁布的《初小国文教科书》（第一册）、《初小修身教科书》（第一册）提出批评，认为其内容古旧，取材不符合儿童的心理。于是他便自己来编辑初等小学教科书。不料竟一炮打响，上海和周边城镇都加以采用。因而，在一次书业公会上，他被商务印书馆编译所所长高梦旦看中，并以高工资延聘。

陆费逵初进商务印书馆，只是一个国文部编辑。在短短半年里，就因业绩出色，连升三级，跃升为出版部部长、交通部长、师范讲义社主任并兼1909年创刊的《教育杂志》主编。一身兼几个重任，在商务可谓史无前例。

陆费逵的出色才能让高梦旦看在眼里，喜在心里。为使陆费逵安心，他还把侄女高君隐嫁给他为妻。

审形势，自编教材

此时，陆费逵已看清楚，清王朝在民主革命巨浪中，已是将倾的危楼。于是，他向商务印书馆高层提议，赶紧编辑一套适应即将到来的共和时代的中小学教科书。

可是此议没有被商务高层采纳。

陆费逵认定民主革命早晚会取得成功，旧的教科书必然要被取缔。现在正是改革教科书、并另创书局新局面的机遇。于是陆费逵找到朋友戴克敦、陈寅及沈继方筹措资金，并取得他们一致认同。此后他们每晚秘密编写中小学共和教科书，并约定教科书所选课文须以养成中华共和国完全国民为宗旨，以独立自尊、自由、平等为纲。三个月后，武昌起义一举成功，教科书也已草具规模。接着，陆费逵婉拒商务印书馆月酬400银元的高薪，毅然辞职，自创事业。

尚公小学学生

作为当时最大的出版单位，商务印书馆除出版大量书籍外，还组建了许多教育机构。尚公小学系上海商务印书馆职工子弟小学，当时在上海的小学校中颇有名气。图为尚公学生列队进入操场。

031

公元1912年

> **中国大事记**: 3月19日，孙中山令外交部及广东都督禁绝贩卖"猪仔"，以保护华侨。

民国新式小学

跟时代，自创书局

1912年1月1日，陆费逵等三人仅以2.5万元资金创办的中华书局成立。不久，陆费逵等编写的中华教科书陆续出版，它的封面都冠以五色共和国旗，内容又适应共和政体，如国文教科书课文，就有"我国旗，分五色，红黄蓝白黑。我等爱中华"，或歌颂孙中山，"孙氏天姿卓越，性情敦厚"，"为中国第一伟人"等文章。此外，书中废除清王朝君臣称呼，用民国纪元，其中历史、地理等教科书，所记事实、地理变迁，都延伸至民国元年1月（1912年1月）南京临时政府成立。这是一种紧跟时代的教科书。

当时正值春季开学，急需教材，但原学部颁刻

中华书局出版物版权页

的教科书已禁用，商务等通行教科书也因带有清制色彩乏人问津，所以中华书局教科书几乎独占市场，甚至出现了门市部无隔宿之书的局面。而各地订单源源而来，应接不暇。人们赞叹陆费逵审时度势，不同凡响。后来同行调侃高梦旦是"赔了夫人又折兵"。

1913年，中华书局增资至百万元，开始飞速发展。到抗战前夕，全国各地有分局四十余处，仅沪港两厂职工就达三千余人。陆费逵以"教科书革命"、"完全华商自办"为理念，事业又上了一层楼。 ▷ 盛巽昌

> **历史文化百科**
>
> 〔中华书局的"八大杂志"〕
>
> 民初中华书局出版的名闻海内外的杂志有八种：《中华教育界》、《中华小说界》、《中华实业界》、《中华童子界》、《中华儿童画报》、《大中华》、《中华妇女界》、《中华学生界》。其中最早发行的是1913年1月创办的《中华教育界》；而最有影响的，是梁启超主编的《大中华》；梁曾在该刊发表《异哉所谓国体问题者》抨击袁世凯恢复帝制，相传袁世凯曾托人向梁氏说项，愿致送巨款收买这篇文章，被拒。
>
> 1918年后，除《中华教育界》外，其余均停刊。

公元1912年

世界大事记：3月30日，摩洛哥被迫与法国签订费斯条约，沦为法国保护国。

资料来源：陈传席《岭南画派》

关键词：淡泊 爱国

人物：高剑父

○○四

岭南画师高剑父

岭南画派开山祖师高剑父，早年曾追随孙中山，是广州光复主要领导人之一，但他淡泊功利，潜心于美术和美术教育。

迷艺术，不做广东都督

1905年，年仅27岁的高剑父就成为具有卓绝绘画艺术的画家，同时为广州的两所高等学校，即优级师范学堂和高等工业学堂合聘为绘画教师。这是以往书画界从未有过的。

高剑父的绘画造诣很受师生的赞许，但他却不满足，想要继续深造。不久，他毅然辞职，东渡日本求学。

他在日本东京艺术学校求学期间，生活相当拮据。幸好巧遇昔日好友廖仲恺，并在廖仲恺的帮助下解决了生活困难，同时被介绍与孙中山相识，并加入同盟会。高剑父一边学画，一边从事同盟会工作，很受孙中山、黄兴器重，后来又派他回国出任同盟会广州分会会长，主持南部同盟会工作。他在广州附近开办了一个美术瓷窑，以烧制工艺品的美术陶瓷为掩护，实际上是为革命党人秘密制造炸弹的工厂。每次制造好了的炸弹，就秘密安放在自己床铺下。床铺下的炸弹越塞越多，不得不把床脚一次又一次地垫高。武昌首义成功，广州同盟会积极响应，高剑父发动会众，攻占虎门等要塞，又回师会合各路义军光复广州。广东各界推举广东都督时，提名有高剑父和胡汉民，而且高的呼声还略高于胡，但他却立即声明，自己的终生抱负是艺术，而不是做官。这样就由胡汉民当了都督。

救中国，醉心"瓷业大王"

1914年，高剑父在蔡元培的支持下，在上海创办"审美书馆"和《真相画报》，宣传国画改革；审美书馆旨在培养有志于绘画的青少年。当时从江苏宜兴来的16岁少年徐悲鸿，经他慧眼发现，特予资助，并为徐所绘的仕女补景。

与此同时，高剑父又在江西景德镇开办中华瓷业公司，并亲自动手绘制瓶、盘、碟、碗。这些精美的工艺佳品，后来还在巴拿马国际博览会上获得好评。

高剑父非常重视瓷器艺术。早在南京临时政府时期，有天晚饭后，他和孙中山、黄兴闲谈。孙中山说："现在当务之急，是需办全国铁路。"黄兴说："我想办全国汽车公路。"过了一会，孙中山问高剑父："你想办什么呢？"高剑父说："我想办工业。"孙中山急着问："办什么工业？"

回答说："办瓷业，工业中只有瓷业才是可以执牛耳的。"

这次闲谈后，高剑父起草了一份《中国瓷业大王计划书》进呈孙中山，提出要"实业救国"，"我国实业之首，则为瓷器，外人称我为瓷器国"。同时要求投资一千万元。这个计划，深受孙中山、黄兴和伍廷芳赞成，但是随着孙中山下台、二次革命失败而烟消云散。

"画仙"高剑父（上图）

1931年，高奇峰逝世。林森题墓碑"画圣高奇峰之墓"。高剑父不悦："他是画圣，将置老夫何地？"学生方人定乃慰其师："老师百年之后，题'画仙'可也。"

民国初年高剑父（左二）与廖仲恺（左三）等在一起

公元1912年

> 中国大事记

4月1日，孙中山在参议院宣布辞去临时大总统职。

虎啸一声山月高　（高剑父绘）

教新秀，创办"春睡画院"

高剑父热衷于瓷器，也精于书画。

五四时期，他和弟弟高奇峰主持上海审美书馆，1923年，又在广州创办了"春睡画院"，招收学生学画，后来又增办了"春睡别院"以接纳更多的绘画者。

灯蛾扑火 1940年　（高剑父绘）

公元1912年

世界大事记：4月14日，英国客轮"泰坦尼克"号在北大西洋纽芬兰附近海面触冰山沉没，1513人丧生。

取名"春睡"乃是取意于《三国演义》诸葛亮"草堂春睡足，窗外日迟迟"的诗意，反映了他淡泊名利的心境。

高剑父培养学生全情投入。画院学生家境困难，即免交学费，甚至供给食宿。成绩优秀的，他还用自己卖画的钱资助其出国深造，由此出现了一批极有成就的人才，如方人定、黄浪萍、黎雄才、李抚虹和关山月等。这些人后来都成为岭南派画坛大师。　>盛巽昌

20世纪二三十年代画家简表（部分）

项目 姓名	籍贯	专长	简述	附注
齐白石 (1864-1957)	湖南湘潭	国画	花鸟、山水、人物	
黄宾虹 (1865-1955)	安徽歙县	国画	1907年后在上海三十年，在商务印书馆、有正书局工作	山水，亦擅长花卉鱼虫
高剑父 (1879-1951)	广东广州	国画	留学日本，创春睡画院、南中美术院	岭南派，工山水花鸟
王 震 (1867-1938)	浙江湖州	国画	工花果、鸟兽，尤工佛像	热心慈善事业
汪亚尘 (1894-1983)	浙江杭州	国画	1917年留日，上海美专教授	工花鸟虫鱼，融合中西
何香凝 (1878-1972)	广东佛山	国画	建国后任全国美协主席	尤工狮、虎
徐悲鸿 (1895-1953)	江苏宜兴	国画、油画、美术教育	1919年留法，任中央大学教授、北平艺术学院院长	建国后任中央美术学院院长
潘天寿 (1897-1971)	浙江宁海	国画、美术史论	花鸟、山水。建国后任浙江美术学院院长	师承吴昌硕
吴湖帆 (1894-1968)	江苏苏州	国画	早年与赵叔孺、吴待秋、冯超然同称为海上四大家	建国后任上海中国画院画师
张大千 (1899-1983)	四川内江	国画	师承李瑞清，喜临石涛、八大山人，工荷花、山水和人物，与齐白石并称"南张北齐"	
刘海粟 (1896-1994)	江苏常州	油画、美术史论	14岁进布景画传习所学西洋画	1920年被日本画坛称为"东方艺坛之狮"
李苦禅 (1898-1983)	山东高唐	国画、美术教育	1925年就学于北平艺专	与潘天寿并称为写意花鸟画家，师承齐白石
林风眠 (1900-1991)	广东梅县	油画、美术教育	1918年留法、德，1925年任北平艺专校长，1928年任杭州艺专校长	建国后任上海美术家协会副主席
陈之佛 (1898-1962)	浙江慈溪	美术教育	1918年留日，1923年回国后在上海艺术大学等任教	建国后任南京大学教授
丰子恺 (1898-1975)	浙江桐乡	漫画、美术教育	1921年留日	建国后任上海中国画院院长
傅抱石 (1904-1965)	江西新余	国画、美术理论	1933年留日	山水。建国后任江苏画院院长

035

公元1912年

中国大事记

5月3日，根据蔡元培的意见，改北京大学堂为北京大学。

○○五 民国第一案

三声枪响，宋教仁遭人暗算。真相暴露，国民党幻想破灭，"共和"变成了战火。

辛亥革命后，袁世凯窃取了革命胜利的果实，做了中华民国临时大总统。此时革命元勋孙中山、黄兴等心灰意冷，淡出了政坛，而宋教仁却壮心不已，他改组同盟会，希望通过竞选民国总理，重新夺取政权。袁世凯视宋教仁为心腹大患，悄悄送来50万元，希望宋退出选举，而宋教仁不为所动。袁世凯终于恼羞成怒，痛下杀手。

骤然惨遭枪杀

全国国会大选揭晓，宋教仁所率领的国民党，获得了参众两院近一半的议席，稳稳坐上国会第一大党席位，按规定，他将出面组阁，担任下一届内阁总理。

1913年3月20日这天，宋教仁踌躇满志，准备进京组建责任内阁。

这天，天空下着小雨，早春还带有寒意。当晚，宋教仁一行来到上海火车站，在贵宾室小憩片刻后，即走向检票口准备检票登车。就在这时，突然听到三声枪响，宋教仁感觉腰中一痛，用手一摸，发现鲜血正从腰部涌出。宋教仁立即大叫："我中枪了，有刺客。"话音未落，只见一名身穿黑呢军装的矮个男子向站外逃去。这时人们只顾忙着将他送到附近的沪宁铁路医院，等到再想起抓刺客，刺客早已不见了踪影。第二天凌晨，宋教仁体内的子弹虽然取出了，但子弹不仅洞穿了大肠，而且伤及了肾脏，宋教仁已经神智不清。延至22日凌晨4时，32岁的他最终离开人世。

主谋现出原形

下届内阁总理被刺身亡的噩耗震惊了全国。国民党内一片悲痛，他们立誓抓出凶手，查出原委，昭示天下。相传袁世凯在读到这份黄兴代拟的电报时，正与章士钊进餐，他假惺惺地连声叹息："遁初可惜，早知如此，何必当初！"他不仅接连发出"慰令"、"慰电"、"慰唁"，还表示要优恤死者家属，抓紧破案。

可是凶手在逃，案情一时扑朔迷离，社会上的猜测各式各样。有人认为与袁世凯有关，他们认为宋教仁政党责任内阁一旦组建，势必触犯他的专制集权。也有说是国民党内讧，他们说宋教仁年轻气盛，我行我素，遭致党内一些人的不满。

就在宋教仁被刺当天，国民党已经着手破案工作。沪军都督陈其美与黄兴联名要求公共租界予以协助，同时，闸北巡警局、沪宁铁路局、上海县署和上海地方检察厅，也分别悬赏缉凶。时过三日，一名叫王阿发的古董商，向公共租界巡捕房提供了一条线索。王说：大约一周前，因为推销字画他曾经到过小西门外的应桂馨家，当时应向他出示了一张照片，说如能刺杀此人，可以

宪政专家宋教仁（上图）

宋教仁（1882-1913），湖南桃源人。同盟会主要领导人，北京政府成立后为农林总长，后辞职。国民党成立后，任代理理事长，主张成立责任内阁，制定民主宪法，反对专权，为国民党预定内阁总理。1913年初，国民党在国会选举中获胜，宋教仁沿江发表竞选演说，更为袁世凯所忌。3月20日，宋教仁欲在国会召开前北上，被袁世凯手下刺杀于上海火车站。

公元1912年

世界大事记

4月，俄国西伯利亚连拿金矿工人罢工，军队镇压，各大城市相继罢工示威以为声援。

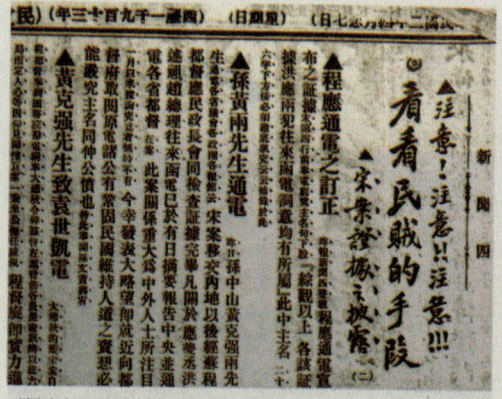

人物：宋教仁
关键词：宪政 民主
资料来源：《上海通史·民国政治》熊月之 《宋教仁血案》徐血儿

《民立报》披露刺宋案真相

宋教仁被刺后，由于右任主办的《民立报》率先公布了袁世凯刺宋的真相。随后，袁世凯查封了《民立报》，于右任等被迫逃往日本。

宋教仁追悼会

得到1000元赏金，王表示无能为力。现在见到报纸上的宋教仁遗像，发觉正是应当时想要谋杀的人，所以特地前来报告。租界巡捕房认为这是一条重要线索，当晚便下令拘捕应桂馨。巡捕房掌握应桂馨平时经常到胡姓妓女家吸食鸦片，便派便衣先去打探，得知应在湖北路迎春坊三弄另一李姓妓女家寻欢，于是当即前往并当场将应抓获。接着公共租界、法租界巡捕联合搜查应桂馨住所小西门外文元坊北弄2号，结果搜到5响手枪一把，枪膛内还留着3颗子弹，经鉴定，子弹型号正好与击中宋教仁的相同。还当场拘捕了一名身材矮小、身穿新西装的嫌疑人，名叫武士英，后经案发现场目击者辨认，

宋教仁墓

宋教仁墓建于1924年6月，墓体呈半球形，墓顶塑一展翅雄鹰，象征先驱者革命的凌云之志。

037

公元1912年

中国大事记：6月22日，孙中山自广州抵上海，告记者期以10年完成全国铁路事业。

正是火车站持枪行凶的案犯。同时又查获了大量涉案电函及一本密电本，其中大总统袁世凯、内阁总理赵秉钧、内务部秘书洪述祖均赫然有名。至此，案情真相终于大白于天下，原来此案与北京政府乃至现任大总统袁世凯有关。

此事经传媒披露，全国上下愤怒了，国民党人更是义愤填膺。

各地报纸，各团体通电，纷纷要求袁世凯立刻下台，国民党内甚至出现不惜一战的呼声。

孙中山挽曰："作民权保障，谁为后死者；为宪政流血，公真第一人。"

黄兴送的挽联怒斥："前年杀吴禄贞，去年杀张振武，今年又杀宋教仁；你说是应桂馨，他说是洪述祖，我说确是袁世凯。"

可是宋教仁至死都没想到，正是他所寄望的人，要了他的性命。

数月后，"二次革命"终于爆发。一场政治阴谋，重新点燃国内战火，民初"共和"局面，由此彻底断送。

> 廖大伟

〉历史文化百科〈

〔刺杀宋教仁凶手的最终结局〕

宋教仁被刺后，刺杀宋教仁的凶手武士英被抓获，却于狱中暴毙。宋案另一凶手应桂馨被捕后，居然于1913年7月25日被人从监狱中救走，后因要求袁世凯兑现刺宋前的承诺，被袁世凯秘密处死。赵秉钧被揭发后，借口有病辞去公职，于1914年2月27日于天津中毒身亡。宋案另一凶手洪述祖，案发后即逃跑，于1919年4月5日被抓获，处以极刑。宋案发生后，曾先后担任过北京政府内务部次长、京师警察厅总监、顺天府尹、赵秉钧的心腹王治馨，口无遮拦地说："杀宋绝非总理，总理不能负责，此责自有人负。"袁世凯听闻此言，对王耿耿于怀，调王任闲差，后又因人弹劾王，于1914年10月23日将其枪决。至此宋案的相关人员都受到了惩罚，唯有宋案的策划者袁世凯逍遥法外。

宋教仁墓园

宋教仁墓在上海闸北公园。于右任有《题宋墓前》诗：当时诅楚祀巫咸，此日怀殷吊比干。片石争传终古恨，大书留与后人看。杀身翻道名成易，谋国全求世谅难。如斗余杭渔父篆，坟前和泪为君刊。石座上镌有章炳麟所写篆体"渔父"两字。宋教仁生前常为《民立报》撰文，自署桃源渔父。

公元1912年

世界大事记

5月10日，英军侵入中国西藏，陷江孜、亚东。

人物：李烈钧 孙中山
关键词：正义 救亡
资料来源：张家林《孙中山》 王俯民《孙中山详传》

○○六

二次革命

宋案发生后，国民党人终于认清了袁世凯的剪除异己的野心，于是在南方爆发了反袁战争。这就是民国史上有名的"二次革命"。

孙中山力主武力讨伐

宋教仁被刺，使国民党人与袁世凯合作建国的幻想破灭。

1913年3月25日，孙中山从日本赶回上海，当晚与黄兴、陈其美等人紧急开会，秘密商讨对策。

孙中山认为，宋案证据确凿，此时民心可用，因此当武力讨袁，以"联日"、"速战"、先发制人为方略，于国民党人为地方都督的广东、福建、江西、湖南、安徽五省同时起兵，推翻袁世凯反动统治。

孙中山与黄兴等在上海横滨正金银行商讨集资讨袁事宜
宋教仁被刺，终于使孙中山认清了袁世凯的真面目，决定武装讨袁，为此与黄兴等人不辞辛劳，四处奔走，为武装讨袁事宜筹款。

黄兴、陈其美等认为，本党目前"武力不足恃，苟或发难必致大局糜烂"，况且国会中本党议员大多主张联合进步党人，依据法律进行倒袁，以法律解决为最佳途径。

双方争论激烈，莫衷一是。孙中山反复强调，袁世凯是总统，总统指使暗杀，单凭法律怎么能行，此事所能解决者，只有拿起武器。但与会者中，只有江西都督李烈钧等几个人表示支持。

袁世凯罢免三都督

正当国民党内部争论不休，举棋不定时，老谋深算的袁世凯知道对手决不会轻易罢休，决心不惜与国民党兵

公元1912年

> **中国大事记**
> 7月22日，孙中山在上海就任中华民国铁道协会会长，并演讲筑路与借款。

江西都督李烈钧
国民党人发动二次革命，只有江西、江苏曾与北洋军展开战斗，尤以江西为激烈，其余各省均按兵不动。这也促使孙中山产生了改组同盟会的想法。

戎相见。

4月26日，袁世凯以盐务收入作担保，与五国银行团签订2500万英镑的"善后借款合同"。这项善后大借款，意味着袁世凯要与列强密切合作，且取得列强们的关注。但善后大借款不得人心。参议院正副议长张继、王正廷当即通电反对，并向政府提出质问书。孙中山、黄兴和湘、赣、皖、粤四省国民党都督谭延闿、李烈钧、柏文蔚、胡汉民亦先后通电，反对违法借款。但袁世凯有恃无恐。不久以段祺瑞为首的"战时内阁"宣布成立，随后袁世凯又召开秘密军事会议，制定了对湘赣皖苏四省用兵的部署。

完成了军事部署，袁世凯正式摊牌。5月21日，他"传语国民党人"：现在看透孙、黄，除捣乱外，别无本领。左是捣乱，右又是捣乱。如果敢于另行组织政府，我即举兵征伐。

宋案凶手很快被查获，宋案主使人、袁世凯的国务总理赵秉钧也被曝光。袁世凯图穷匕首见，耍尽了种种流氓招数。他指使各地爪牙行刺国民党实力派。4月，陕西都督张凤翙遇刺受伤，凶手当场被捉。几天后，前镇江民军都督、北伐军司令林述庆在北京闲居时被毒死。由于黄兴建议要组织特别法庭，审判宋案主犯，犯其龙鳞，他又下令检察厅票传黄兴，取消黄兴的

孙中山在船上
1913年6月，"二次革命"时期，孙中山与随员马君武（前排左一）、朱卓文（前排左四）乘"巴拿马"号自上海经香港抵粤，敦促陈炯明宣布广东独立讨袁。图为返回上海途中留影。

陆军上将职衔，还编造了黄兴组织了一个专门从事暗杀政府显要的"血光团"，潜入北京大搞暗杀活动，为了让传媒证信，说是有个名叫周予儆的女学生向京畿陆军执法处自首：她是奉血光团团长黄兴之命专门从事暗杀的。

6月9日，袁世凯借口反对"善后借款"就是不服从政府，悍然罢免江西都督李烈钧，随后又分别罢免了广东都督胡汉民和安徽都督柏文蔚。李、胡、柏三都督，是当时国民党握有实权的重要人物，袁世凯罢免三人，率先向国民党发难。

各省纷纷通电独立

面对如此现实，黄兴等人才清醒过来。7月初，孙中山在上海再次召开军事会议，一致同意兴师讨袁。

在孙中山动员下，李烈钧回到江西湖口成立了讨袁军，12日通电宣布江西独立，并向驻九江的北洋第六师发起进攻，打响了二次革命的第一枪。与此同时，黄兴潜往南京进行策动，15日率高级将领迫使江苏都督程德全宣布独立，任命黄兴为江苏讨袁军总司令。随后，安徽、上海、福建、湖南、四川纷纷通电宣布独立，加入了讨袁行列。

7月21日，袁世凯下达了"讨伐令"，宣布李烈钧等

公元1912年

> 世界大事记：美国莱特兄弟制造首架动力飞机和军用飞机。

"破坏民国统一"，扰害地方治安。次日，孙中山发表《告全体国民宣言》，向袁世凯晓以利害，促其辞职。接到电报后，袁世凯恼羞成怒，立即撤去孙筹办铁路全权，并下令通缉，同时加紧了军事部署，必欲剿之而后快。

二次革命最终失败

二次革命爆发后，南方七省区相继独立，一时颇有声势，但双方实际力量对比，袁世凯占有明显优势。

江西和江苏是袁世凯主攻目标，也是二次革命主战场。

7月23日晚，北洋军兵分三路，大举进攻湖口，讨袁军虽顽强抵抗，但于25日湖口失陷，李烈钧败走云南。8月18日南昌又陷，江西讨袁军失败。江苏方面，军队不听调遣，军饷无从着落，黄兴一开始就困难重重，而程德全一宣布独立即逃到上海，不予合作，讨袁军严重缺乏战斗力，很快就放弃了徐州、蚌埠，退守浦口。7月28日，黄兴见大局无望，黯然乘日轮离宁赴沪，转赴日本。

与此同时，各地讨袁军也纷纷失利。安徽由于第1师师长胡万泰为袁收买，8月7日取消了独立。8月13日，上海方面不得不放弃吴淞。福建、广东、湖南是日也取消独立。重庆坚持到9月14日，讨袁军失去了最后一个据点，至此二次革命完全失败。

> 廖大伟

安徽都督柏文蔚
柏文蔚早年以秀才进入武备学堂，后加入国民党。1913年在安徽组织讨袁军。

袁世凯悬赏缉拿黄兴、陈其美等人的公告
二次革命失败后，黄兴被逼流亡日本，离国时，在船上见有袁世凯布告："大总统悬赏缉拿：黄兴，十万元。"惨然泪下，赋诗一首：东南半壁锁吴中，顿失咽喉罪在躬。不道兵粮资敌国，直将斧钺假奸雄。党人此后无完卵，民贼从兹益恣凶。正义未申输一死，水流石转憾无穷。

历史文化百科

〔民国初期的旗帜〕

1906年，孙中山主持同盟会东京本部就未来的民国国旗制定举行会议。会上有提议采用十八星旗和金爪钺斧旗，以表示关内十八省和发扬汉族光辉文化精神，更有倡议用书写"井"字的大红旗，含意为井田时代大同世界仍须奋斗。孙中山对这些图案，以为是复古，极不适宜，而主张采用法国革命制定的三色旗，与会者一致赞同，且以陆皓东设计的青天白日旗为军旗。此后孙中山、黄兴等领导的武装起义都是用三色旗为标志的；但武昌起义却用共进会制定的十八星大旗。上海光复时，因事出仓促，行人多持白旗。据张树年回忆：大家都挂白旗，在苏州、江苏巡抚程德全在改称为民国都督后，升起大白旗，全城均仿效之。当上海三色旗传来时，程误认是民族标志，又增添了黄黑两色，表示"五族共和"，成为最早五色旗，此后遂为通用。1912年1月，南京临时政府据黄兴建议，以红色象征汉族，不宜名列其次，正式制订为"红黄蓝白黑"序的五色旗为民国国旗，同年6月，袁世凯任总统，命令全国统一以五色旗为国旗，十八星旗为陆军旗，青天白日旗为海军旗。

041

公元1912年

中国大事记：8月11日，袁世凯接到黎元洪密电，杀死张振武、方维。同盟会与统一共和党、国民公党、国民共进会、共和实进会举行合并筹备会，宋教仁任主席。

〇〇七 王金发悲剧

曾经的革命元勋，经不住富贵荣华的诱惑，最终堕落为与反动势力同流合污的都督。

号令绍兴百姓剪辫子

武昌首义轰动全国，各省响应，随着浙江省城杭州光复，消息传到了绍兴府城。绍兴知府陈赞清见大势已去，立即摇身一变，摘下翎顶，建立军政府。但他却吸收了若干地方劣绅任军政府官吏，甚至聘请向官府告密杀害秋瑾的土豪章介眉为治安科长。

绍兴全城都挂起了白旗，但到处还是旧日风貌，官民大众仍然拖着一条长辫子。

那些持正义、有革命思想的人士见状急了。时为绍兴府学堂教师的周树人（鲁迅）派学生赴杭州，请王金发率革命军进驻绍兴。

王金发原是绿林好汉，因为留日时与同乡徐锡麟、秋瑾结识，引为知交；在加入光复会后，还在秋瑾的大通学堂任体育教员。秋瑾遇害后，他立誓要把杀害秋瑾的凶手章介眉捉来灵堂活祭。

这次王金发衣锦回乡，得意洋洋。11月10日，王金发一彪人马分乘十三艘白篷大船溯江直抵绍兴码头，陈赞清率领府衙官吏、乡绅富商人众早已恭候多时，可是王金发只是稍作颔首，就昂然进城了。第二天，他果断地解散军政府，成立了绍兴军政分府，自任都督，并立即在四门张贴布告，令全城民众剪去辫子。

新官上任三把火

当天，鲁迅和朋友范爱农去见王金发，他们在日本就相识，并有往来。此时一见如故，彼此相谈甚欢，也很随便。范爱农还摸着王金发那剃得精光的脑瓜说："金发大哥唉，你做都督哉！"

在王金发邀请下，几天后鲁迅被任命为山阴师范学堂监督（校长），范爱农也被任命为学堂监学（教务长）。

新官上任三把火。首先王金发召开民众大会，登坛演说，声称他此次回乡是为了维持社会秩序，以后还要北伐。又说，他不会独断独行，有事必定要与家乡父老商量云云。接着又张贴安民布告，下令米商出售平价米，公祭革

王金发戎装像（左下图）
王金发，原名敬贤，金发是乳名，因为长得头角峥嵘，满头黄发，被乡里呼为"金发龙头"。孙中山赴南京就任临时大总统，他身藏双枪，贴身护卫。为孙称为"东南一英杰"。

孙中山等庆祝袁世凯取消帝制
1916年袁世凯取消帝制，孙中山与廖仲恺等在日本友人家中庆贺袁世凯取消帝制。前排左四为宋庆龄，后排左二为廖仲恺，左三为胡汉民。孙中山前儿童为廖承志。

公元1912年

世界大事记：7月30日，日本明治天皇病逝，太子嘉仁亲王继位，年号大正。

人物：王金发
关键词：堕落 悲剧
资料来源：《嵊县文史资料》

孙中山在杭州

1912年12月8日，孙中山视察铁路，到达杭州，当日出席国民党浙江支部的欢迎会，与会者八百余人。图前坐右一为陈其美，右二为孙中山。

命先烈，并没收了几个与革命为敌的地主劣绅田产，将没收的钱财，拨来作徐锡麟祠、秋瑾祠的祭产。

王金发还采取严厉措施，将五十多个曾迫害革命党人的土豪劣绅关进监狱，其中包括章介眉。

王金发开始堕落

可是王金发坐镇绍兴不久，便踌躇满志，顾盼自雄，自以为革命已经成功，可以马放南山，刀枪入库了。他成天成夜在都督府里花天酒地，吃喝玩乐，在他周围团团转的都是一些拍马吹牛的帮闲，他再也不愿听取不同声音了。而他那些部属和随从也跟着狐假虎威，欺压民众，追求奢侈生活，他们把进城时着的土布衣衫，都换作了皮袍子了。

他们开始堕落了。

绍兴《越铎日报》发表文章，批评王金发的专横和放纵部属。他看了勃然大怒，就唆使军政分府派兵捣毁了报馆，刺杀了报馆负责人。

接着，王金发释放了原先被关在牢里的土豪劣绅，其中也包括那个章介眉。王金发听信了章的花言巧语，也忘了为秋瑾复仇的旦旦信誓。

当时鲁迅已在南京临时政府教育部供职，当他得

043

公元1912年

中国大事记

8月25日，国民党在北京召开成立大会，推孙中山、黄兴、宋教仁等9人为理事，以"巩固共和，实行平民政治"。

孙中山出席秋瑾追悼会

1912年12月9日，孙中山在杭州祭奠秋瑾烈士墓并参加秋瑾追悼大会。前排左二起为：屈文六、孙中山、朱瑞。

绍兴水上戏台

具有江南水乡特色的古朴戏台，一面连岸，为演出者进出，三面临水，乡民驾船在水面看戏，秩序井然，别有一番风味。鲁迅《社戏》一文就是以水上看戏为背景的。

悉此情此事，非常愤懑。若干年后著文《这个与那个》说："民元革命时候，我在S城，来了一个都督。他虽然也出身绿林大学，未尝'读经'（？），但倒是还算顾大局，听舆论的，可是自绅士以至于庶民，又用了祖传的捧法群起而捧之了。这个拜会，那个恭维，今天送衣料，明天送翅席，捧得他连自己也忘其所以，结果是渐渐变成老官僚一样，动手刮地皮。"

他说的就是王金发。

王金发已堕落成与反动势力同流合污的都督了。

鲁迅也预测，王金发的妥协、蜕化，不会有好下场。

半年后，王金发因袁世凯当政，遭到排挤，不得不离开都督府；二次革命失败后，他一面向袁世凯悔过，一面又藏匿杭州，以待东山再起，不料为人告密惨遭杀害。据说那个告密者又是章介眉。

>盛巽昌

公元1912年

> **世界大事记**
> 10月9日，门的内哥罗向土耳其宣战，第一次巴尔干战争爆发。

资料来源：《辛亥革命武昌首义史料辑录》《辛亥首义回忆录》《澧县文史资料》
关键词：正义 爱国
人物：蒋翊武

〇〇八 蒋翊武之死

> 武昌起义的总指挥蒋翊武被捕后从容就义，他在刑场上向群众历数袁世凯的罪恶，行刑的士兵凝神静听，一时竟忘记了开枪。

1913年9月9日下午，广西桂林丽泽门外刑场上人山人海。刑场周围，士兵环立。只见一个身着蓝竹布长衫、下套丝绸衫裤的青年人从容端坐在刑场中央铺好的一床大红洋毡上，向群众演讲。他历数袁世凯的罪状，宣传民主与共和。演讲者声色俱厉，听众为之动容，有人竟痛哭失声。这个人就是两年前发动武昌起义的总指挥蒋翊武。

拒绝"合作"遭通缉

武昌起义后，袁世凯主持清王朝内阁，他派出冯国璋等北洋军南下镇压，同时又打着君主立宪的幌子，特派专使到武昌与湖北军政府会谈。蒋翊武大义凛然地面对袁的专使发话："我们革命是为了推翻专制，建立共和。清廷以君主立宪招抚，一则违背了民权主义，再则违背了民族主义，这是万万不能答应的。"由于蒋翊武的反对，袁世凯派来的专使只得扫兴而归。

南北议和后，袁世凯当上了民国临时大总统，又想到了蒋翊武，于是他一再电邀蒋翊武赴京。蒋翊武到了北京，袁世凯以高规格接待，还当场许以高薪，聘为临时大总统府高等军事顾问，授予陆军中将加上将衔。对于袁世凯的种种诱惑，蒋翊武一概拒绝。对于袁世凯的飞扬跋扈以及种种危害民国的行为他恼恨于心，不但坚持了不与之合作，还组织同侪，力图推翻袁世凯政权。袁世凯见拉拢收买不成，恼羞成怒，转而视蒋为心腹之患。他撕开脸面，下令在全国通缉蒋翊武。蒋翊武决定南

汉阳晴川阁
蒋翊武在武昌起义后任军事顾问，与黄兴等人在汉阳抵抗清军主力冯国璋，在晴川阁一带设防。

武昌首义元勋蒋翊武（上图）
时年27岁的蒋翊武是策划武昌起义的重要领导者，可惜英年早逝，去世时年仅28岁。

下香港继续策动反袁斗争。

刽子手忘了开枪

1913年秋的一天，蒋翊武南下途经广西全州黄沙河时，他的随从在街上买豆腐，巡街哨兵发现他随身带了许多银洋，十分可疑，便悄悄跟踪到客店，将他们主仆二人拘捕送到县里。当时桂军旅长见捕到赫赫有名的蒋翊武，立即电告桂林广西都督陆荣廷邀功请赏。陆荣廷电询袁世凯如何处置。袁世凯一听欣喜若狂，当即回电：不必解京，速杀以绝后患。

不久，蒋翊武被押至桂林。一路上蒋翊武历数袁世凯罪恶，告诫周围人众必须武装讨袁。在狱中又奋笔疾书叙述生平及志向，抱定一死的决心。桂林镇守使陈炳焜接到了袁世凯要他就地枪决蒋翊武的来电。陈炳焜仰重蒋翊武，派人到监狱告诉蒋翊武第二天将执行枪决，蒋翊武听后毫无惧色，坦然喝下送行酒。

045

公元1912年

中国大事记：11月6日，津浦铁路黄河大桥竣工，桥长1235米，中孔164米。翌年元旦，津浦铁路全线通车。

汉口江汉关

文学社与共进会在汉口设一指挥部。因事先遭到破坏，决定立即起义。新军在此打响第一枪。

第二天下午4时，蒋翊武被押解出狱。押解者如临大敌，沿途岗哨林立。蒋翊武手脚均戴着银色的洋镣铐，靠坐在一乘不张盖的囚轿上，从统领衙门被抬到刑场。一路上蒋翊武镇定坦然，对争相观望的群众侃侃而谈，宣传民主和共和，宣传为什么要打倒袁世凯。他神色自若，仿佛赴宴一般。这时候，桂林丽泽门外刑场上人山人海。士兵将蒋翊武押到刑场中央一床铺好的大红洋毡子上，为他送上酒菜。蒋翊武痛快地大喝断魂酒，乘着酒兴，赋诗两首："当年豪气今何在？如此江山怒不平！嗟我寂冤终无了，空余房剑作寒鸣。""斩断尘根感晚秋，中原无主倍增愁！是谁支得江山住？只余有哀逐水流。"

蒋翊武慷慨悲壮，感动了围观的群众，有人竟痛哭失声。奉命执行死刑的刽子手也在凝神静听，一时竟忘记了开枪。领头的排长几次下令，可是仍没人开枪。排长见状，只得自己拔出手枪，从背后杀害了蒋翊武。 ＞华强

孙中山在武昌

1912年4月，孙中山辞去临时大总统之后，赴湖北游历，与湖北军政界会见。前排左二起为：孙科、汪精卫、黎元洪、孙中山、胡汉民；三排右四为廖仲恺。

公元1912年

> 世界大事记：10月18日，土耳其与意大利签订洛桑和约，承认的黎波里和昔兰尼加归意。1911年9月29日开始的意土战争结束。

人物：白朗　袁世凯
关键词：正直　勇敢
资料来源：《北洋军阀统治时期史话》陶菊隐　《近代史资料·白朗汇编》

○○九

白朗起义

白朗起义是袁世凯做总统时期的最具规模的民众暴动。

袁世凯当上总统的第二年，终于露出了狐狸尾巴，正当他叫嚣要以武力统一南方时，河南、湖北等地发生多次民众暴动，其中令他颇为头痛的，乃是河南的白朗。

做土匪，白朗行侠仗义

袁世凯一直把家乡河南视为牢固的大后方，出任河南都督的张镇芳，就是他的表弟兼心腹。张镇芳乃纨绔子弟，吃喝玩乐在行，办事庸庸碌碌，致使水利失修，农田荒芜，很多在死亡线上的民众走投无路，揭竿而起。

白朗原是北洋新军第六镇统制、革命党人吴禄贞麾下的参谋军官。吴在辛亥武昌首义后不久，即遭袁世凯暗杀，白朗就随号称中州大侠的王天纵上嵩山落草，自称"中原扶汉军大都督"。

1913年秋天，白朗和哥儿们走下嵩山，亮出"打富济贫"的旗号招军买马，豫西各支人马纷纷前来投奔，他的队伍像滚雪球似的，愈来愈大，形成了一支拥有万人的武装。

这年白朗年方四十，骑在高头大马上，神采奕奕，河南老乡很多不识"朗"字，以谐音顺口就叫作"白狼"，白朗也就用"白狼"为号，官府即随之诬称为"白狼"了。民间由此还编唱歌谣：

好白狼，白狼好。劫富济贫，替天行道。人人都说白狼好。

捕"白狼"大动干戈

1914年春，白朗大军，行动迅捷，驰骋豫西，仅本年1月，就先后攻占河南光山、光州、固始，尔后又进入安徽，攻占六安、霍山。大军每到一地就张贴布告，严斥袁世凯"虽托名共和，实厉行专制"。白朗大军在中原暴风雨般的行动，成为传媒渲染的热点，也受到革命党人的重视，黄兴还派专使前来，提出联手反袁。英美帝国主义列强却因京汉线常为之中断、路矿停产等既得利益受损，多次向北京政府提出抗议，甚至表示如袁世凯授权，他们可以出兵协助。这样一说，可使袁世凯慌了。他赶忙撤换不得力的张镇芳，派麾下第一号大将、陆军总长段祺瑞出任河南都督，主持剿灭"白狼"的军务。还在北京和河南各地，张贴"捕狼"布告，将抓获白朗赏金，由五千块升到十二万块大洋。

段祺瑞在河南信阳召开豫鄂皖三省联席剿"狼"会议。前后抽调二十万北洋大军，前堵后追对付白朗军。

白朗蔑视这个威名赫赫的段祺瑞。他的司令部长期就设在信阳附近的遂平嵖岈山。他的武装最多时也不

白朗墓（上图）
白朗，河南宝丰人。死后家乡民众为他建造陵墓，并树碑以资纪念。

公元1912年

中国大事记
11月26日，令各省都督、民政长暂行划一官吏名称，府、厅、州、县官名一律改称知事。

白朗军攻占多处要地

白朗军转战中原，纵横千里，引起社会各界注视。图为当时报纸的报道。

足二万，而北洋军却无中生有地大加夸张，据他们向袁世凯的报告中称，前后击毙的白狼军人数不下百万人，而白朗本人也不知道被击毙了多少次。更为可笑的，北洋军将领还编造说和白朗平起平坐的领袖，还有"黄狮"、"绿狼"等等，袁世凯亦不加思索，竟然以大总统名义发布通缉令：一体捉拿。

取西安，袁世凯作慌

袁世凯和北洋军自己疑神疑鬼，也造成了各省草木皆兵的恐怖气氛。

正当此时，白朗大军由安徽折回，并于1914年3月占领湖北老河口。白朗在老河口公然给袁世凯发了一份电报，说他就要夺取西安了，让袁大总统做好准备。袁世凯又慌了，赶忙调兵遣将堵白狼军西进之路。白朗真个没有撒谎，他派勇将宋一眼为先锋，向西攻下荆紫关，进占龙驹寨，打

开了入陕之门。他沿路张贴布告，称出兵目的：第一是驱袁；第二是建立良好政府；第三是友善邻邦。有趣的是，袁世凯接到这份布告后，提起笔来在后面又加了一条，"第四是选举岑春煊为总统"。还将此命令伪造多份散发。原来岑春煊是个和袁世凯唱对台戏的大政客。

4月，白狼军长驱直入渭南，占领多城，威胁西安。一个月后又进入甘肃洮、岷地区。

由于长途行军，过于疲劳，又与地方民族武装发生冲突，受到严重损失，加上当时甘肃发生时疫，将士颇多病死，连白朗的军师李鸿宾也患病死了，士气大受影响，没奈何，白朗只得率部穿越陕西，急切奔回老家河南。

杀白朗，北洋军出丑

5月下旬，白朗大军回到鲁山时，只剩几千人员。他想在家乡休整，补充兵力，但是将士，包括一些骨干，却不服约束，带着掠得的财物，纷纷离队回家。他们散不成伍，已经难成一个战斗团体了。

北洋军纷纷赶来，围攻白狼军。

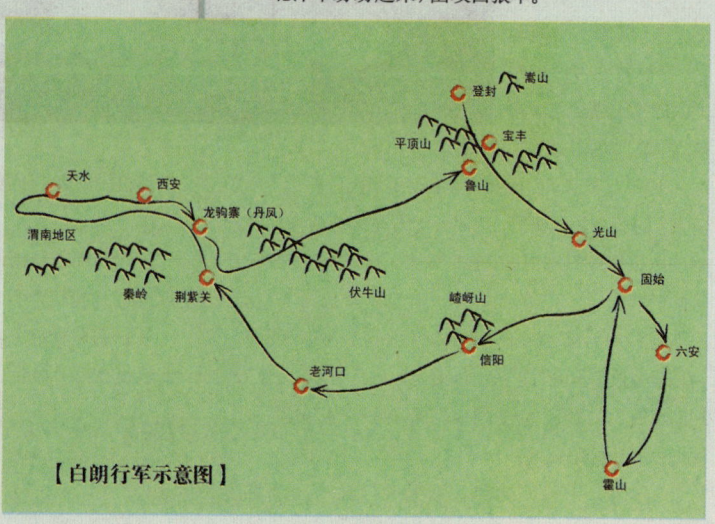

【白朗行军示意图】

048

公元1912年

世界大事记
12月3日，巴尔干战争历时两月暂时休战。

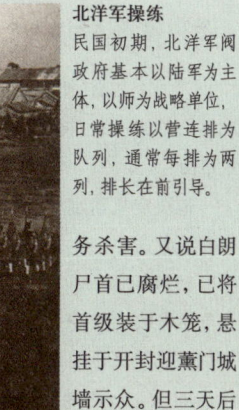

北洋军操练
民国初期，北洋军阀政府基本以陆军为主体，以师为战略单位，日常操练以营连排为队列，通常每排为两列，排长在前引导。

8月上旬，历时一年战斗的白狼军终于失败。

袁世凯得意洋洋，当即公布前方捷报，说是8月5日，白朗在鲁山附近大营北石庄，已被镇嵩军混进的特务杀害。又说白朗尸首已腐烂，已将首级装于木笼，悬挂于开封迎薰门城墙示众。但三天后又说白朗在三山寨受重伤而死。显然那些虚报者均是冒功，因此袁只得取消几个已升衔的指挥官。

当时一些将帅多以冒功求赏。所以白朗有否被杀，时人多有议论，始终是一件疑案。 ▷盛巽昌

锯木工
白朗部队能在中州地带所向披靡，人马越来越众，因所到之处是人口密集的村镇，各行业体力劳动者，多有前来参加，其中也有秦岭、伏牛山附近伐木的工人。

▷历史文化百科◁

〔民初银元〕

辛亥革命前后，市场流通的银元是龙洋、鹰洋，系货币本位。1914年（民国三年）2月，袁世凯政府为统一货币，颁布《国币条例》，设立币制局，铸发新银币，上镌袁世凯侧面头像，称袁头币，规定每枚银元重量为7钱2分，纯银含量为96%（其他是铜锌合金）。当时有北洋、江南、广州等造币厂，后范旭东主币制局时，经调查，多不合格。与此同时，中国银行、交通银行与钱业公会协议，将以前所有其他货币一律取消，只流通袁头币。同年10月20日，袁世凯政府财政部公布《取缔纸币条例》，违反者严加罚金。

后来，广东军政府也铸银元，上镌孙中山像，俗称"孙头"，作为货币本位。至1935年财政改革，以法币为货币本位，始取缔。

049

公元1912年

> 中国大事记　商务印书馆高梦旦等编纂共和国教科书，经教育部审定，全国各校相继采用。

中华革命党

二次革命失败后，孙中山深感国民党组织涣散，没有凝聚力，希望通过组建强有力的政党即中华革命党来达到继续革命的目的。

欲以建党达到集权

"二次革命"失败后，孙中山东渡日本，策划第三次革命。

他决定重新建党，取名中华革命党。

1914年5月，孙中山写信给黄兴。他说：二次革命失败，全在不听统一指挥。又说：今后欲成为真正的党的领袖，不欲当挂名的领袖，这样权力集中于一身，中国尚有救药。黄兴却不同意孙中山的说法。

孙中山又与陈其美、胡汉民和李书城等人谈话，把失败原因归咎于党员不听命令，并且还认为黄兴应负更大的责任。他说："在南北议和时期，我愤懑袁氏狡诈，曾主张宁可开战，不可让步，但黄先生不赞成；以后我主张建都南京，要袁世凯南来就职，黄先生也不表示坚决支持；宋案发生后，我主张用武力解决，黄先生也不肯听；我欲再赴日本求援，黄先生劝阻其行；最后我本拟亲赴南京出师讨袁，黄先生忽自告奋勇，阻我前往，招致挫败，全局瓦解。"

他要改组国民党，陈其美、胡汉民等都举双手赞成。

中华革命党总理孙中山（上图）

精心策划建党事宜

孙中山满怀信心，着手建立中华革命党。

这是他创建兴中会二十年来，所打造的第四个革命党。当时他住在日本东京赤坂区灵甫坂头山满宅。头山满对他优礼有加，每天命厨师宰杀一只活鸡，给他滋补身体。孙中山安心筹划建党事宜。他隔三岔五都要与陈其美、胡汉民、朱执信、廖仲恺、田桐、范鸿仙等人商议建党宗旨、章程和步骤。经过多次反复讨论、研究，终于按孙中山的思路，规定凡参加中华革命党者，必须立下誓约，奉行入党宣誓，在自己姓名下钤印右手指模，以表示愿意追随孙中山，牺牲一切，完全、彻底服从孙中山的命令。

孙中山还在起草的《中华革命党总章》里，特别规定了党的宗旨是"扫除专制政治，建设完全民国为目的"，还规定党员按入党时间的先后，分为首义党员、协助党员和普通党员三类，他们在起义以后到宪法颁布期间具有各自不同的政治权利。

其中"首义党员"有参政执政的优先权利，即做官的权利；"协助党员"有选举权和被选举权；"普通党员"只有选举权。

公元1912年

世界大事记
法国罗曼·罗兰完成小说《约翰·克里斯朵夫》。

人物 孙中山 黄兴
关键词 忠诚 友谊
资料来源 李云汉《孙中山〈黄克强先生年谱〉》 孙中山《孙中山全集》《辛亥革命回忆录》

孙中山带头宣誓

1914年7月8日,中华革命党在日本东京召开成立大会,参加者有孙中山等党员三百余人,场面隆重。在签名入场处,与会者每人都分发了寸余长的别针,饰以寸许的红白两色缎带,插在胸前,以作识别。

大会开始后,由胡汉民主盟,陈其美、居正介绍,孙中山第一个当众宣誓加盟。他举手宣读了手书誓约,并按下了指模。根据规定,凡是加入中华革命党的每个成员,均须重写誓约,加按指模。他们的誓约文字与孙中山手书誓约,只有两处不同,即"统率同志,再举革命"改为"附从孙先生,再举革命";"慎施命令"改为"服从命令"。

成立大会上,孙中山出任总理职,此后人们通称他为"孙总理"。大会规定凡中华革命党党员都必须绝对服从孙总理。按《总章》,大会原打算选黄兴为次于总理

孙中山在东京
1914年11月17日,孙中山与日本友人梅屋庄吉夫妇合影。据梅屋的长女回忆,1915年10月孙中山与宋庆龄的结婚典礼就是在梅屋宅举行的。当时孙中山正住在梅屋家。

的协理一职,但黄兴认定誓约中"服从孙先生,再举革命"的话不够平等,入党人于署名下加盖指模,更是侮辱人格,因而他拒绝参加大会和誓约,几天前已携妻儿离开日本赴美国去了。 >盛巽昌

中华革命党债券(左图)
中华革命党本部之印(右图)
中华革命党本部初设在东京,袁世凯死后迁回上海。本印刻于东京,为中华革命党的印信。1919年10月10日孙中山将中华革命党更名为中国国民党,此印即停止使用。

051

公元1913年

中国大事记：3月20日，宋教仁在上海沪宁车站被刺。两日后伤重而死。

杨小楼

武戏文唱，纵跳打坐，运用自如；儒将本色，舞台上下，文采风流。

辛亥革命之后，京剧颇为风靡。京剧界三个最为风光的领军人物，那就是梅兰芳、余叔岩和杨小楼。

其中杨小楼以其卓绝的武功和艺术才华，被幕前台下誉为"武生宗师"。

《长坂坡》里"活赵云"

杨小楼从小勤学苦练，18岁时，已能演出如《恶虎村》、《状元印》和《战宛城》等难度颇高的武生戏了，但他仍感到不甚满意，就常去北京白云观与道士交游，学习道家拳术，修炼静坐养气内功。由于蕴含了精深的道门内功，从此杨小楼在舞台上纵跳打坐，更是运用自如。

杨小楼成名了，但他仍跟着谭鑫培勤学戏，进而深得谭派艺术精髓。1912年7月，杨小楼首次赴上海演出，在大舞台上演了全武行的《青石山》、《连环套》和《长坂坡》。其中《长坂坡》原剧本情节单调松散，平平淡淡，但经他不断实践、不断修改充实，成为一出剧情紧凑精炼、表演丰富优美的武生名剧。在以前的武生戏里，不讲究唱功，杨小楼则把唱、做、念、打视为一个整体，灵活运用，塑造和刻画了一个个活生生的舞台艺术形象。他说，演《长坂坡》，如总打不念，等于一锅糨糊，糊里糊涂；可是，如只念不唱，那也是干巴巴的，等于干咽烙饼。因而，杨小楼扮演的武生戏角色，像《长坂坡》中的赵云，有打有做有念有唱，演活了角色的丰富情感内涵。他也因主演《长坂坡》而被誉为"活赵云"。

杨小楼戏照
杨小楼饰演的《青石山》主角杨戬。时人称他表演艺术特点是武戏文唱，扮演的武将，兼有儒将的风度。

北京老戏单
杨小楼饰演的《落马湖》之黄霸天，有武有文，亦是他拿手好戏。

公元1913年

> **世界大事记** 2月10日，英法地中海联合行动公布备忘录。

人物：杨小楼
关键词：勤奋 革新
资料来源：刘文峰《百年梨园春秋》 周传家《戏剧旬刊》

二十世纪初期上海的戏院

1928年底，杨小楼首创京剧演员男女同台演出，他邀请言菊朋、高维廉和女演员新艳秋，在北平珠市口开明戏院合演《长坂坡》和《霸王别姬》，戏院连走道都挤满了观众。这天，梅兰芳和夫人福芝芳前去观看，也不住地叫好。

与梅兰芳成为黄金搭档

杨小楼一生能演武生戏二百余出，常演的也有四五十出。其中有代表性的除了赵云，还有《霸王别姬》中的项羽。20世纪二三十年代，戏院在《霸王别姬》上演时，给予杨小楼和饰演虞姬的梅兰芳双挂头牌的特殊待遇。

他们是公认的黄金搭档。那时候，杨小楼非与梅兰芳同台，不演《霸王别姬》。京剧讲究脸谱。杨小楼为演好项羽这个角色，自己设计来勾画脸谱。开始，杨小楼的项羽脸谱造型是在眉间勾一方角"寿"字；后改画为钢叉形，以示勇武；不久又创意为月牙似的花眉勾法。他身材魁梧，面额丰满，因而可勾画两至三个月牙，鼻子上的白点也能点得很大。经过这几次改进，霸王脸谱显得满目生辉，光彩照人。

杨小楼自勾霸王脸谱这件事相当出名。1954年，周恩来审查赴东南亚演出的京剧《霸王别姬》，发现出场的项羽是黑脸黑眉，就问袁世海："你演过《霸王别姬》，勾过这样的脸谱吗？"尔后又说，"我看过杨猴子的《霸王别姬》，他的脸谱不是这样的。我认为京剧的脸谱：一要性格化；二要有美感。" > 盛巽昌

《霸王别姬》戏照
1922年梅兰芳与杨小楼联手编演《霸王别姬》，从此风靡舞台。图为杨小楼饰演项羽，梅兰芳饰演虞姬。

▷历史文化百科◁

〔民国四大须生〕

京剧自徽派进京，二百年里形成了多家流派。其中尤以程长庚三庆班，出现了汪桂芬、谭鑫培和孙菊仙三大流派。盖以须生论，程长庚可谓北派之祖，余三胜为南派之祖，而谭鑫培属南派而又兼北派，由此直接受谭影响的有余叔岩（余派，弟子有孟小冬）、言菊朋（言派），再传弟子，即号称"四大须生"为谭富英（谭派传人）、马连良（马派）、杨宝森（杨派，另分为高庆奎的高派）、奚啸伯（奚派），其中谭派以朴实清脆、马派以潇洒华丽、杨派以悲哀醇厚、奚派以严谨工整，分别见长于世。周信芳（麒派）集汪桂芬、孙菊仙之长，但也私淑谭派。麒派富于创造革新。

053

公元1913年

中国大事记：4月26日，北京政府与英法德俄日五国银行团签订《善后借款合同》，共借二千五百万英镑，以盐务收入为担保。

○一二

科学的播火者

中国科学社初创于美国，后迁回国内。它聚集了数千名学术精英和社会名流，为近代中国科学发展作出了杰出贡献。

20世纪初，正当西方科学如火如荼地发展时，中国人对于科学的理解还是一片荒漠。1914年，身在美国的赵元任、任鸿隽等在闲谈中，作出了一个伟大的决定。事后证明这个决定对于中国科技发展和宣传具有奠基作用。

任鸿隽与陈衡哲
任鸿隽与陈衡哲经胡适牵线在美国结婚。陈衡哲系现代中国第一个女作家，代表作有《小雨点》。图为两人1920年在北京合影。

闲谈中的一个决定

1914年夏天，留学美国康奈尔大学的任鸿隽、杨杏佛、胡明复、赵元任等人无事闲谈，说到中西方的巨大差距，以及中国国内战乱不已的局面，赵元任和在场者不免唏嘘感叹。他们认为国家的强大在于科技的发展，而中国目前连最基本的科技认识都没有，更不要说高深的科学技艺了。想想留学在外，在座的又多是学科学的，科学救国的重任自然是义不容辞。这时有人提议办一份科学刊物，向国人宣传科学知识，这个提议得到了大家的一致赞成。于是《科学》这个非常有影响的刊物就在一次不经意的闲谈中诞生了。

《科学》刊物创办之初，经费无从着落，为了使刊物顺利地办下去，发起人赵元任、胡明复等提议募股筹资，科学社发行股票四十份，每份十美元，其中约二十份由发起人负担，剩余二十份对外发售。当时赵元任等留学生的留学经费每月仅60

明复图书馆
中国科学社创办的明复图书馆，现为上海市卢湾区图书馆所在地。明复，即胡明复，为纪念他为中国科学社开拓鞠躬尽瘁，不幸早逝而命名。该图书馆系上海首家按国际图书馆设施标准所建造的。

公元1913年

世界大事记：5月9日，门的内哥罗、塞尔维亚、保加利亚、希腊与土耳其签订伦敦和约。

人物：赵元任　任鸿隽
关键词：灵感　善思
资料来源：许为民《杨杏佛年谱》、冒荣《科学的播火者：中国科学社述评》、赵元任《早年自传》

科学社成员留影
1918年，中国科学社与工程学会会员合影，前排左五为任鸿隽，左六为杨杏佛。

美元，为了能够节省出办刊物的费用，他与一位同学比赛吃经济饭，一天只吃几角钱的饭菜，不久两人就因身体虚弱而病倒了。创刊初期，赵元任、任鸿隽、胡明复、杨杏佛出力最多，每当经费遇到困难时，捐款最多的也往往是他们。由于他们的不懈努力，科学社终于发展、壮大起来，仅仅几个月已经拥有了70多个会员，筹集经费500美元。

办《科学》杂志的艰辛

1915年1月，凝聚众多心血的《科学》杂志终于由商务印书馆印刷出版。这本今天看来有点简陋的杂志，真可谓内容丰富，包罗万象。第一期有《万有引力定律》、《欧姆定律》等基本的科学知识，有科学界趣闻《世界上最大之电灯》、《牛顿轶事三则》等，还有深层次分析中国科学落后的宏论《说中国无科学之原因》。内容如此之丰富，凝结了赵元任、任鸿隽等一批创刊人的心血。

他们不仅要为创刊经费奔波，还要花大量时间完成撰稿和编辑工作。1915年9月，赵元任转学到哈佛大学，编辑工作改由杨杏佛主持，杨常向赵元任索稿。书信之余，曾有一首打油诗寄给同在哈佛的胡明复：

自从老胡去，这城天气凉。
新屋有风阁，清福过帝王。
境闲心不闲，手忙脚更忙。
为我告"夫子"，《科学》要文章。

绰号"夫子"的赵元任见诗也回杨杏佛一首：
自从老胡来，此地暖如汤。
《科学》稿已去，"夫子"不敢当。
才完就要做，忙似阎罗王。
幸有"辟克匿"，那时波士顿肯白里奇的社友还可

055

公元1913年

| 中国大事记 | 7月12日，李烈钧在江西湖口宣布独立，成立讨袁军总司令部，与民约法三章，"二次革命"爆发。 |

中国科学社庆祝蔡元培七十大寿留影

大大地乐一场！

书信中展现的繁忙而不失乐趣的精神，正是支持他们"科学救国"理想的坚定信念。

群贤毕至，名流云集

1918年，不少社员都毕业归国了，其中也包括董事会任鸿隽、胡明复等负责人。当年召开的第三届年会，决定将科学社总部迁回国内南京。1921年，第七届年会在江苏南通举行，这次年会得到了张謇、张孝若父子的鼎力支持。由于马相伯、梁启超、丁文江、陶行知等众多各学术界担纲学者出席，宾主尽东南之美。会议显得特别高规格。由此因与会者的学术境界扩大了中国科学社的社会知名度。

1928年，中国科学社从南京迁到上海亚尔培路533号（今陕西南路235号），这时蔡元培、翁文灏、竺可桢、丁西林、茅以升、唐钺、卢于道等许多学界名流都已成为该社社员。

1930年中国科学社设立了科学咨询处，为科学爱好者解疑答难。1931年开设了明复图书馆，成为上海最早的公共科技图书馆。1933年前后出版了图文并茂的科普杂志《科学画报》以及《科学季刊》、《科学丛书》、《科学译丛》、《科学史丛书》等多种杂志和书籍，1947年又设立了射电实验室。

中国科学社很注意社员联络及学术活动，凡一地有社员40人以上就可设立社友会。

至1949年，中国科学社已有社员3776人。它所聚集和造就的科学家，许多都成了新中国建设的宝贵人才。

> 廖大伟

民间科研机构

名称	创办日期、地点	内容	附注
中国科学社生物研究所	1922 南京	分动、植物两部，分别由秉志和胡先骕、钱崇澍主持	对标本作了实地采集
黄海化学工业研究所	1922 天津	分制造化学工程系等七个系	久大精盐公司1915年设立的化学工业研究室扩充
北京静生生物调查所	1931 北平	分动、植物两部，由秉志、胡先骕分任	为纪念范源濂（静生）命名
上海雷斯德药物研究院	1929 上海	设三个研究所：临床、生理学、病理学	按英人雷斯德遗嘱开办
中国西部科学院	1930 重庆	设生物、理化、农林、地质四个研究所	刘湘为董事长、卢作孚为院长

公元1913年

世界大事记：5月13日，俄国西科文斯基在彼得堡设计多发动机轰炸机成功。1915年2月15日，经改进后，首次轰炸德国领土。

人物：袁世凯
关键词：卖国 屈辱
资料来源：沈云龙《袁世凯全传》、侯宜杰《袁世凯轶事》《袁世凯全传》

五九国耻

时光流逝，岁月有痕。1915年5月9日，是一个曾令中国人屈辱蒙羞的国耻日。

日本提出"二十一条"

第一次世界大战爆发，各国在华势力均衡的格局被打破。欧美列强忙于欧战，无暇东顾，中国紧邻日本的地位骤然突出。

一直想独占中国的日本，此时认为机会来了。它出兵击败了驻华德军，占领了原德国所控制的山东青岛和胶济铁路各处，接着对袁世凯威胁利诱，提出要与北京政府签订秘密条约。

1915年1月18日，日本驻华公使日置益求见袁世凯。日置益开门见山地说："我奉命转达本国政府意愿，今后可不再支持中国革命党人，但贵总统必须接受本国提出的'二十一条'。"袁世凯接下了文本，但没有直接表态。

"二十一条"分为五号，不仅要取代德国在华的所有特权，而且提出进一步扩大在满蒙的权益，中国各重要矿山、港口、铁路等由中日合作，不得租借他国。尤其第五号，要求中国政府聘用日本人为政治、财政、军事顾问，中国警政和军械制造厂须中日合办。

日本企图独占中国的野心，已经暴露无遗，如果承认"二十一条"，中国将沦为它的保护国和殖民地，就要亡国灭种。

袁世凯被迫答复签约

就袁世凯来说，国内局势不稳，本人又想称帝，所以他很想得到日本的支持。可是日本的胃口实在太大，如果全盘接受，不仅会彻底激怒国人，而且等于承认做日本的儿皇帝。

两难之下，袁世凯派外交总长陆徵祥、次长曹汝霖为代表与日本秘密谈判，但又故意泄露谈判内容，以此指望英美出面干涉。一时间，北京各报披露了消息，西方媒体也作了报道。然而欧美各国正忙于战争，虽有指责，却是一纸空文，日本依旧我行我素，毫无收敛。

2月2日，中日开始正式谈判。中方不愿全部接受，谈判几度陷入僵局。为了逼迫中国，日本便出兵南满、山东、天津等地，并派军舰在天津外海巡弋。5月7日，干脆发出最后通牒，限中方48小时内答复，否则采取"必要之手段"。

中日双方代表谈判
自1915年2月到4月，中国代表外交总长陆徵祥（左二）、次长曹汝霖（左一）、秘书施履本（左三）与日本代表驻华公使日置益（右二）、参赞小幡酉吉（右三）、书记官高尾亨（右一）就日方提出的"二十一条"谈判，共开了二十五次会议，持续了八十多天。

057

公元1913年

中国大事记

7月15日,黄兴入南京,逼迫江苏都督程德全宣布独立,自任江苏讨袁军总司令,通电讨袁。

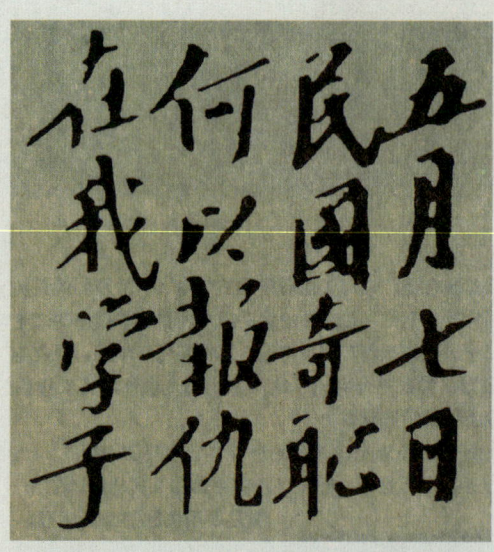

五月七日
民国奇耻
何以报仇
在我学子

青年毛泽东题词

1915年5月,时在湖南第一师范读书的毛泽东,在得知袁世凯签订卖国条约后,在所订的《明耻篇》封面用毛笔题字。它反映了当时中国青年的爱国情愫和救国抱负。

袁世凯害怕了。他以"我国国力未充,目前尚难以兵戎相见"为由,于5月9日晚命令中国外交部送出答复文本,表示除第五号条款"容日后协商"外,其他全部接受。接着双方签署了条约,互换了照会,这就是所谓的中日新约。

毋忘国耻

条约签订后,袁世凯心里也觉得不是滋味。批准条约之后,据称他也视该日为国耻之日,对圈内幕僚下

北京东华门
民初北京十分热闹,街道上的汽车、自行车、黄包车往返穿梭,络绎不绝。

公元1913年

世界大事记：6月29日，第二次巴尔干战争爆发。8月10日，保加利亚和希腊、罗马尼亚、塞尔维亚、门的内哥罗等国签署布加勒斯特和约，战争结束。

袁世凯手批"二十一条"文稿

日本政府对于袁世凯的拖延以待列强干涉的计谋，早已失去了耐性，5月7日发出最后通牒，限期48小时内答复，袁世凯只得签约。

了密谕称："从此以后，卧薪尝胆，励精图治，群策群力，刷新内政，共负国家安危之责，十年之后，再与日本重见高低。"可是无论他言辞如何，他那卖国贼的形象，已无法摆脱。

中日新约签订的消息一出，立刻激起国人的众怒，反日爱国运动在全国迅速掀起。5月14日，上海实业家穆藕初致电正在天津召开的全国教育联合会大

袁世凯接待外宾的新华宫

会，请求大会通电全国教育界，以"毋忘国耻"唤起同胞。5月21日，全国教育联合会正式复电，决定今后于每年5月9日召开大会，即时并通电全国，牢记国耻。从此，每逢5月9日，中国的日历都会出现"国耻日"的黑体字，这一天社会各界都会举行各种活动，尤其各类学校，必定举行隆重仪式，以示不忘。

1938年3月，在武汉的国民政府正式规定，每年5月9日，为中国国耻日。 ▷廖大伟

历史文化百科

〔日本称中国"支那"含侮辱之意〕

"支那"原是梵语对中国的发音，它来自印度，早期还译成至那、脂那、震旦、真旦、振旦。古代和近代的日本称中国通常有唐、汉、中华、华夏，偶尔也有支那。但自明治维新后，日本官方和民间都用"支那"称谓中国。

1915年，日本提出灭亡中国的"二十一条"，激起中国人愤怒，首先是留日学生抗议以"支那"称中国，含对中国轻侮意。1920年，王拱璧《东游挥汗录》揭示日本故意以"支那"称中国的目的：盖"支那"日语读音与"将死"、"物体"音同，与"雏"、"泥木偶"音近，是对中国污蔑之称谓；"支那"之"支"是支配的"支"，"那"则是把第三者称作"彼奴"，即被人驱使的意思。在日语里，"支"又作是"支店"，即中国是日本的"支店"，日本人从中找到了支配中国人的欲望，他们把原先"支那"含义作了别有用意的解说。

1930年5月，中国政府令外交部，今后凡日本文书见有"支那"字样者概不接受。1945年，日本无条件投降，中国政府再次重申日本不得使用"支那"称谓中国。日本外务省也于1946年6月，以总务局长冈崎胜男名义，同各省次官发布了《关于回避支那称谓的文件》；几天后，文部省也向学校下达同样的通知。此后，各种传媒实体也都摒除以"支那"称中国。

059

公元1913年

中国大事记：10月6日，国会组织总统选举会，选袁世凯为正式大总统。翌日选黎元洪为副总统。

〇一四 肇和舰起义

中华革命党坚持斗争，始终冲在反袁第一线。由于仓促上阵，1915年陈其美发动的肇和舰起义又告失败。

中华革命党成立后，孙中山积极组织革命志士武装讨袁，1915年陈其美发动的肇和舰起义就是讨袁战斗中的一次重要起义。

改变方略，上海先动

袁世凯签署了"二十一条"，似乎无所顾忌，加速帝制复辟。

他气焰嚣张，已走上了权力的顶峰。孙中山在日本紧急商讨讨袁方略。陈其美接到命令，于1915年5月8日赶到东京。他们分析国内突变的新形势，认定袁在东南兵力雄厚，西南相对空虚，故此次反袁宜从西南发动，并由陈其美挂帅，前往西南联手会党同志，合力建立革命基地。

10月，陈其美按照部署，准备赴南洋筹款，经过上海时，上海革命党人却力劝陈其美留沪主持大计，他们说，驻沪海陆军已运动成熟，人心大可利用，举事正是时机。

陈其美经过了解和斟酌，认为确实可行，于是电请孙中山确定。孙中山也赞同上海可以先动，于是改变方略，陈其美暂不去南洋了，出任淞沪司令长官。

取消了南洋之行，陈其美留在上海，他在法租界霞飞路渔阳里5号秘密设立了总机关，中华革命党东京总部时有巨额汇款，招兵买枪。不久，成功刺杀了袁世凯的亲信、上海镇守使郑汝成。

提前行动，先取海军

郑汝成之死，使袁世凯异常恐慌。他急忙任命杨善德为淞沪护军使，但杨老朽庸懦，军心浮动。

陈其美决定在袁布置未定前，先做通停泊在长江的

陈其美印章（上图） 陈其美在辛亥革命后出任上海军政府都督时的印章。

上海外白渡桥
1915年11月10日，陈其美派刺客击毙袁世凯上海最大死党、上海镇守使郑汝成。袁世凯伤心不已，竟学封建皇帝，特追封为一等彰威侯，世袭罔替。孙中山大喜，说："沪去此贼，事大可为。"

吴淞口
当时肇和舰因北洋海军司令萨镇冰命赴广东，于是提前起义。起义失败，上海艺人编唱了三部《陈英士诛郑讨袁》牌子曲，其中尾声是：肇和发难威声响，惊破了帝制黄粱，革命潮忽涌起，西南举必皆因此。

公元1913年

世界大事记：法国弗鲁瓦迪尔发明方形降落伞。

人物：陈其美、爱国
关键词：
资料来源：《陈其美与辛亥革命》陈梅龙、《陈其美传论》张学继

"肇和"、"应瑞"、"通济"三舰官兵的工作，希望到时能够策应。肇和舰是艘主力舰，舰长黄鸣球原本倾向革命，舰上官兵经过争取，多数也愿意起义，于是革命党人定12月15日开始行动。

然而，正当准备工作积极进行时，肇和舰的异常为袁世凯察觉，他先下手为强，12月3日命海军总司令部下令该舰三日后开赴广东。

突如其来的变化，打乱了原定计划。考虑到肇和舰一旦离沪，原有的联络网将支离破碎，届时行动将更加困难，因此再三权衡利弊，并征得舰长黄鸣球同意，陈其美最终决定提前行动，12月5日下午4时就举行起义。

确切时间一定，各项准备得加速进行。陈其美立即电请孙中山委任黄鸣球为海军总司令，任命吴忠信为参谋长，杨虎为海军陆战队司令。海军总司令部设于肇和舰，杨庶堪、邵元冲、周淡游等人留守渔阳里总机关，负责后方。总体战略为：先取海军，后攻制造局，再占吴淞要塞，图浙攻宁，最终造成东南革命。

起义不幸失败

这天，肇和舰既定起义日期到了，各路人马依分配的任务于下午分头出发。杨虎率海军陆战队30余人占领了肇和舰，其余各支分别攻击上海警察局、电灯厂、电话局等目标。

总机关在焦急地等待消息。当听到肇和舰的炮声，陈其美立即率吴忠信、蒋介石等人冒险开赴华界，指挥战斗。由于敌军人多械优，陆上攻击先后失败，华界到处实行戒备，一行人不得不由水道折回总机关。

出师不利，准备再取应瑞舰，并重组力量攻击陆上各个目标，但意外发生了，总机关引起法租界当局的怀疑，遭到巡捕的包围搜查。

陈其美等人急忙隐蔽于屋顶，才躲过一劫，随后转移到新民里11号蒋介石寓所，打算第二天清早雇船上肇和舰，再图大举。

民国初年军队服装

公元1914年

中国大事记: 1月1日,中国邮政改制,定每省为一邮务区,于省城设邮务管理局。3月1日,中国加入万国邮政会。

沪军都督府颁发的纪念章(上图)

可是第二天刚出门,就遇上了杨虎等人败回。原来肇和舰虽然得手,但约定同时举事的应瑞、通济两舰却事先被袁收买,向肇和舰炮击,肇和舰一不敌二,不幸落入敌手。

陈其美长叹一声,苦心经营的反袁起义又一次失败。 > 廖大伟

陈其美跃马青铜像(下图)

陈其美被刺去世后,杭州民众在西湖边塑像以资纪念。该铜像为民国时期的雕塑大师江小鹣设计、制作,此外还将铜像正前方的平海街改名为英士街。

> 历史文化百科 <

〔孙中山坚持民国纪年用公历〕

世界大多数国家自16世纪始,多采用阳历(公历)。中国乃自1912年1月才将运用了两千多年的阴历(夏历)改为阳历。

1911年12月26日,孙中山在上海召开的同盟会干部会上,提出即将成立的共和政府顺应世界潮流,采用公历纪年。第二天,又与由南京来的马君武等各省代表提出:"本月十三日(阳历1月1日),如诸君举我为大总统,我就打算在就职那天,同时宣布中国政府改用阳历,是日为中华民国元旦,诸君以为如何?"还说,"以前换朝代,必改正朔,易服色,现在推倒专制政体,改建共和,与从前换朝代不同,必须学习西洋,与世界文明各国从同,改用阳历一事,即为我们革命成功后第一件最重大的改革,必须办到。"

参加南京各省代表会议代表,就孙中山建议辩论甚久,莫衷一是,多有对采用公历提出异议。但孙中山坚持,还表示中华民国政府必须改用公历,否则决不到南京任职。由于孙中山坚持和很多代表努力,终于达成采用公历纪年,只是考虑到民间对阴历习惯既久,出版每年历书时在公历年月下方注明阴历和节气。

1912年1月1日,孙中山在南京宣誓就任中华民国临时大总统,他即通电各省,改用阳历,以黄帝纪元4609年十一月十三日为中华民国元年元旦。

用肇和舰炮弹制作的灯具

公元1914年

世界大事记：1月，美国雇用军人挖掘长达7年的巴拿马运河通航，7个月后，运河向全世界正式开放。

人物：杨度
关键词：宪政 救亡
资料来源：何汉文 杜迈之《杨度传》、刘晴波《杨度集》

○一五 杨度其人

近代中国风云变幻的文化大背景，打造了不少有独特行为和独特性格的传奇人物，其中一个就是倡导君主立宪、后来又成为共产党员的杨度。

师从名师，醉心布衣卿相

杨度是国学大师王闿运的得意门生，早年为寻找救国之术也曾赴日本留学，因而和孙中山、宋教仁相识，成为好朋友。

王闿运相当器重杨度，杨度也很尊重王闿运。杨度竭力主张君主立宪，回国后就投靠袁世凯，更注意结交袁的大儿子袁克定。在谈到未来事业，还常以李世民推崇袁克定，自己则以房杜自居。1914年春，当杨度受到袁世凯重用时，经他推荐，王闿运也来北京出任国史馆馆长。王闿运虽是晚清遗老，却也反对袁世凯做皇帝。有次他来到新华门，故意说这不是新莽门吗？借王莽比喻野心勃勃的袁世凯。几个月后，王闿运就挂印回湖南了。临行时，杨度前往送行，请老师教诲。王只说了七个字："还是少说话的好。"可是杨度已上了袁世凯贼船，迷上了以布衣取卿相的事业，寄希望于袁世凯称帝，以抒发他的君宪救国主张。他当然听不进老师的教诲。

1915年8月，杨度领衔发起建立"筹安会"，拥护袁世凯做皇帝，此时又写信给王闿运，请他辅助。王闿运回信指出："总统系民立公仆，不可使仆为帝"，并劝阻杨度"可以功成身退，奉母南归"。但当杨再次想请老师赴京，王即指出"多行不义必自毙"，且痛责杨度为虎作伥，表示断绝师生关系。

杨度主张君主立宪（上图）

杨度（1874—1932），湖南湘潭人。留学日本，回国后主编《中国新报》，宣传君主立宪，请求清政府召开国会。杨度为袁世凯称帝一事，积极奔走。袁世凯特书"旷代逸才"四字，并制匾相赠。杨度发起组织筹安会，自任理事长。

结果袁世凯倒台，杨度作为帝制的积极参与者也遭到通缉。至此，他才有所省悟。

1916年冬，王闿运在湘潭家乡逝世。杨度托人送来挽联：

旷古圣人才，能以逍遥通世法；
平生帝王学，只今颠沛惶师承。

遵守诺言，帮助孙中山

此时杨度仍醉心于君主立宪可以救中国，不久又参与张勋复辟策划。张勋失败，终于使他伤心绝望，竟然信佛，做了个不入寺院不受八戒的带发僧人，自号"虎禅师"，企图从此告别红尘，皈依佛门。

这时，孙中山正在广东筹备北伐，而陈炯明却阴谋叛乱，并企图勾结吴佩孚入粤加入反叛行列。孙中山派刘成禺登门，请杨度利用旧关系，阻止吴佩孚参加陈炯明的反叛行列。

十多年前，杨度在日本东京永乐园宴会中曾对孙中山、刘成禺表示："我主张君主立宪，我事成，先生助我；先生号召民族革命，先生成，我当尽弃自己主张以助先生。"此时，刘成禺就问他："皙子，尚记得永乐园之约乎？"

往事历历，言犹在耳。杨度立即表示："永乐园之约，我一日未忘。现我君宪救国，三次碰壁，愧对友朋。今日我一定尽力以践诺言。"

经杨度游说，吴佩孚终于放弃了南下的企图。孙中山在平定陈炯明叛乱后，很感谢杨度，对人说："杨度此人，能履行政治家诺言。"

063

公元1914年

中国大事记：4月1日，川路收归国有告竣。京奉、京张、京汉、津浦、沪宁五铁路实行联运。

投身革命，成为中共党员

1922年，杨度与李大钊相识，秘密参加反帝爱国活动。他说："时代不同了，君宪救国论已成废话，'无我'法门的'成全大我'论也是空话，现在是改持革命救国论的时候了。"

1927年，当李大钊等被捕，杨度积极营救仍告无效。此事令他无限悲愤，情不自禁地朗诵起自己与共产党人接触所写的一首感遇诗：

茶铛药臼伴孤身，世变苍茫白发新。
市井谁知有国士，江湖容汝作诗人。
胸中兵甲连霄斗，眼底干戈接塞尘。
尚拟一挥筹运笔，书生襟袍本无垠。

杨度从此积极参加革命活动。他来到上海，凭自己声望，当上杜月笙私人秘书，以此为掩护，参加"自由大同盟"、"中国互济会"等组织，还与湖南同乡柳直荀策划太湖地区革命运动。终于，经潘汉年介绍，周恩来批准，杨度成为中国共产党一员。

朝闻道，夕死可矣。1932年，杨度病死前几天，曾作自挽联以表明几十年心路：

帝道真如，如今都成过去事，
臣民救国，继起自有后来人。

> 廖大伟

杨度墓

杨度病死后，安葬于上海，他的墓后来遭毁坏。20世纪80年代末重建。由赵朴初为墓碑题字，并重镌夏寿田题字。夏原与杨度一起参与帝制活动，后被列为帝制祸首之一，与杨度关系颇深。

筹安会"六君子"档案

姓名	籍贯	政治面目	附注
杨度（1874–1932）	湖南湘潭		后加入共产党
孙毓筠（1869–1924）	安徽寿县	同盟会	帝制失败后被通缉，1918年获特赦。1924年病死于河南开封
严复（1853–1921）	福建侯官		未直接参与筹安会。帝制失败后避祸于天津
刘师培（1884–1920）	江苏仪征	曾参加同盟会	袁死后，流落天津。1917年被蔡元培聘为北大教授，从事国学研究
李燮和（1873–1927）	湖南涟源	同盟会	袁死后，黎元洪以有功于辛亥革命，被宽免，退隐家园
胡瑛（1887–1933）	浙江绍兴	同盟会	袁死后，避祸于湖南，后参加护法运动以及靖国军

公元1914年

世界大事记：美国霍尔发明电解制铝法。

○一六

章太炎被囚

章太炎原先对袁世凯存有幻想，袁世凯也多次以功名利禄相笼络。但宋教仁被刺和二次革命流产，使他终于认识袁世凯要做皇帝的野心。

人物：章太炎
关键词：诙谐正义
资料来源：熊月之《章太炎传》、叶兆言《闲话三种》

大闹总统府

"刺宋案"发生后，章太炎大为愤慨，不仅连续发表反袁文章，积极参加讨袁活动，还退出了由张謇组织的统一党。袁世凯对他诋毁当局甚为不满，又听说他还在"二次革命"后多次奔走策划讨袁，更是怀恨在心。

1913年8月，章太炎应共和党之请，从上海来到北京主持党务，寓居在前门内大化石桥共和党党部。袁世凯知道他来到北京，暗中高兴，立即派人实行监控，但章太炎自以为名气大，毫不在意，依旧上书袁世凯，对其以编国史相引诱的行径进行揭露和鞭挞，最后还直呼袁世凯大名，"限三日内答复"，一副对"大总统"鄙夷的样子。袁世凯见了之后，十分恼火，连呼"章疯子"，但碍于章太炎的学问和声望，只好暂时容忍。

为了留住章太炎，袁世凯曾应钱恂、张謇的请求，答应办弘文馆。但三个月过去后，办馆的事一拖再拖。章太炎一气之下，决定前往天津，结果在车站被军警拦住。

章太炎被激怒了，1914年1月7日清晨，天寒地冻，只见他足登破履，拿着一把以当年袁世凯颁发的大勋章作扇坠的团扇，径直闯到中南海中华门，要求进总统府面见袁世凯。财政总长梁士诒赶忙出来接待，可是刚一开口，便被他破口大骂："我要见袁世凯，哪个要见你！"袁世凯佯装不知，从早到晚，整整一天，就是不出来，章太炎开始大吵大闹起来，一面嚷着要搬铺盖夜宿

章太炎被囚于钱粮胡同（上图）
即章炳麟，浙江余杭人。早年倡导革命，主编《民报》，后在东京讲学，发表学术论著。"九一八"后主张抗日救国，创办章氏国学研究所。此照片为章囚禁于钱粮胡同时所摄。

新华门，一面大骂"袁贼"。袁世凯实在想不出更好的办法，只好令警察总监陆建章将章太炎诱骗到车里，先安顿于某军校校舍，然后转到龙泉寺软禁。

"袁贼烧死了"

在龙泉寺，袁世凯派了卫兵，名为保护，实为看守，以防章太炎乱说乱动。一开始章太炎见宪兵在院里走来走去，并没有意识到与自己有什么关系。后来发现，他出去喝酒听戏，宪兵也都跟着，于是禁不住问手下："他们干什么？"手下答："他们保护你。"老章一听大怒，抡起手杖劈头盖脸就打，打得宪兵抱头鼠窜。

失去自由的章太炎更是怒火中烧，逢酒必醉，醉则怒骂，有时候干脆在住所的门窗和桌上奋笔疾书"袁贼"二字，清晨起床后必以重拳痛击数次，以泄愤恨。这还不过瘾，章还在后花园里挖掘树根，修理成一个人形，上面书写"袁世凯"三字，焚而埋之，然后高兴得满院子跑圈。

钱粮胡同
章太炎被袁世凯软禁后，即居于此。

065

公元1914年

中国大事记

5月，孙中山发表讨袁告示与讨袁檄文。

章太炎手迹

边跑边喊："袁贼烧死了！袁贼烧死了！"

龙泉寺绝食

章太炎宣布绝食，以死来抗议袁世凯。他以八尺宣纸手书"速死"二字，悬于堂屋，表示已将生死置之度外。他的弟子朱希祖、周树人（鲁迅）等先后前来劝说，朱希祖甚至说："袁贼不敢下毒手，因畏吾师声望，如绝食而死，正投其所好。"他点头称是，却仍继续绝食。

后来马叙伦也来相劝。当时数九隆冬，只见章蜷缩在被褥里，住所又高又大，却没有生火取暖，原来章太炎担心袁世凯使用煤气致其于死地。马叙伦似乎漫不经心地讲了一番养生之道，不知不觉已到傍晚。马叙伦抓住时机一转话题说："我来了一天了，也没吃什么东西，现在准备吃点，先生肯陪陪吗？"章太炎只好点点头。见章太炎点头，马立即关照厨房煮了两碗水泡蛋，一碗准备自己吃，一碗给了章太炎。一定是饿坏了，不几下，章太炎不仅把自己的一碗吃了，还把另一碗也通通吃了。但也有人说，此时，章太炎所喜爱的小女儿闻讯将要来京看望父亲，父女情深，他要有精神让爱女看到高兴，也

章太炎和北京大学部分师生

1932年，章太炎（前排右三）造访北大，与当年的学生朱希祖（前排右一）、钱玄同（前排右二）以及刘半农（前排右四）、马裕藻（前排右五）、刘文典（二排左二）合影。

就必须进食了。

囚禁钱粮胡同

此后，章太炎又被囚禁于钱粮胡同。囚禁期间，他写了《魏武帝颂》、《宋武帝颂》等篇，讽刺袁世凯厚颜无耻，并写有四十二跋文，痛斥袁称帝必将导致中国大乱。还编造说梦，说是有几个月连续做梦，梦他在阴间当了法官，法官管辖区不是十殿，也不是二十一个行省，而是五大洲，他正派在亚洲司。现将主持审判袁世凯和他的爪牙呢。

囚禁也有好处。章太炎是做学问的高手。在钱粮胡同给他提供了充分的思考时间，还对过去三十年学术思想演变作了清理，概括是"始则转俗成真，终乃回真向俗"。也是在囚禁时，弟子吴承仕常来看望。他口授，由吴笔录，这就是后来汇集于浙江版的《章氏丛书》里的哲学短论集《菿汉微言》。

1916年6月，袁世凯呜呼哀哉。黎元洪下令释放章太炎，他这才重见天日，获得自由，至此他已被软禁了将近三年。 ▷廖大伟

公元1914年

世界大事记：6月1日，塞尔维亚与保加利亚订立攻守同盟条约，为期10年。

人物：蔡锷
关键词：机智　勇敢
资料来源：《云南文史资料》

〇一七

蔡锷潜返云南

蔡锷由云南都督调任北京，开始对袁世凯还抱有幻想，但袁世凯卖国求荣，使蔡锷和他的老师梁启超立意反袁。

设妙计扮"风流将军"

蔡锷在北京时，袁世凯对他内紧外松，表面上对他十分信任，委以陆海军大元帅统率办事处办事员和全国经界局督办，还加以"昭威将军"名号。蔡锷心知肚明，就将计就计，装出拥袁的姿态。当云南会馆将校联欢会发起军界请愿改行帝制时，蔡锷"毫不犹豫"提笔第一个签名；袁世凯爪牙还故意持赞成帝制题名录来试探，蔡锷又在自己名衔下写了大大的"赞成"二字。

即使这样，老奸巨猾的袁世凯对蔡锷仍不放心，始终密切监视蔡锷的一举一动。蔡锷的对策是他故意寻花问柳出入于京中八大胡同，并和云吉班妓女小凤仙卿卿我我，谈情说爱，同时与夫人"吵闹"不休。袁世凯得悉后，以为是真，说："松坡简直和小孩子一般，怎么同女眷闹成这样子。"他还派王揖唐、朱启钤前来调解。但蔡锷越"闹"越凶，在暗中他指使母亲和妻儿脱身返湖南宝庆（邵阳）。几天后，他还请朱启钤代为物色佳丽。至此时，袁世凯终于深信蔡锷沉湎女色，

蔡锷讨袁（左图）

蔡锷（1882—1916），字松坡，湖南宝庆（邵阳）人。1897年就读于湖南时务学堂，师从梁启超。后留学日本，1911年领导云南新军"重九"起义，被举为云南都督。

云南护国军第四军军官讨袁誓师时留影（下图）

067

公元1914年

中国大事记

6月，高山族同胞在太鲁阁苦战90天，抵御日本驻台湾总督佐久间亲王率万余军警进攻，毙伤日军警三百余人，佐久间坠崖毙命。

湖南长沙岳麓山蔡锷墓

1916年11月8日，蔡锷因肺病扩散至喉管，在日本福冈逝世，在他死前八日，黄兴因胃出血病逝于上海。两人均以国葬礼埋骨于岳麓山。

雄风不再，就称他为"风流将军"。蔡锷更是明里常常赴八大胡同，暗中则与梁启超等人联络，准备秘密出走北京。

写封亲笔信麻痹袁世凯

为了防止袁世凯阻拦，蔡锷巧施金蝉脱壳计。1915年11月11日清晨，蔡锷早起后，故意把手表拨快，随即往统率处画卯。值班员说："将军的表跑快了。"蔡锷回答："我的表晚间停了，大概拨快了；不过既然来了，就签个到吧。"接着蔡锷就直奔火车站。

梁启超早已安排家人为蔡锷买好了去天津的火车票。蔡锷顺利登上火车，来到天津，然后住进共立医院，与梁启超、孙中山、黄兴等共商讨袁大计。

待袁世凯接到蔡锷请假报告，知道大事不妙时，蔡锷已转道日本了。

蔡锷来到日本门司，命随员石陶钧扮成自己的装束，赴箱根住进医院"治疗"，还准备了十几封亲笔信，要他每隔一天从箱根寄给袁世凯亲信唐在礼等人，以此来麻痹袁世凯一伙。此时蔡锷早已经香港进抵越南，再潜回云南。

转道越南 进入云南

袁世凯知道受骗上当了，恼羞成怒。他密电云南的爪牙蒙自关道周沆和阿迷（开远）县长张一鹍杀害蔡锷。这时，云南将军唐继尧已派其弟、警卫团长唐继虞带宪兵到河口迎接蔡锷。火车到达碧色寨车站时，周沆想以设宴为饵动手，唐继虞则以蔡锷有病婉言谢绝。周沆一计不成，又生一计。他组织一批杀手，谎称是乡间代表，面见蔡都督，又因宪兵戒备森严，也未能得逞。

列车驶至阿迷车站，张一鹍也想以设宴诱骗蔡锷下车，结果也未能得逞。此后列车再不停顿，于12月19日到达昆明。

三天后，蔡锷和唐继尧等云南诸将领，宣布云南独立，成立护国军，武装讨袁，并通电各省。第二年（1916）元旦，护国军在昆明誓师，兵分三路出征讨袁。蔡锷率领的第一军是全军主力，虽队伍仅三千人，武器装备也差，但有很好的军纪军风，战斗力很强，在北征四川途中，所到之处，都受到民众热烈欢迎。护国军作为讨袁中流砥柱，屡战屡胜。不久，各省相继呼应，袁世凯在众叛亲离之中，终于从皇帝宝座上跌下尘埃。　　〉**盛巽昌**

历史文化百科

〔云南陆军讲武堂〕

1909年落成的云南陆军讲武堂，是当时最大的近代化军校。学员来自中国大陆，海外侨胞，也有缅甸、朝鲜、越南的。学员入学需要有高中文化程度，至1945年共办了十九期，培训学员两万人。凡学员必须完成从列兵、军士到军官的全面系统教育。讲武堂师生为响应辛亥革命在昆明发动"重九起义"，且组织滇军参加了护国、护法和北伐等战役。在教员和学员中先后出现有李根源（总办）、唐继尧、罗佩金、李烈钧、杨杰、叶剑英、周保中、盛世才、杨希闵和吴奈温（缅甸）、武元甲（越南）、崔庸健（朝鲜）等知名人物。讲武堂还开设有朱德、朱培德、范石生、金汉鼎等就读的"特科班"。

公元1914年

世界大事记：6月28日，奥匈帝国皇储斐迪南大公夫妇在塞尔维亚遇刺丧命。

人物：袁世凯
关键词：权术 昏庸
资料来源：李泽平《民国野史大观》 侯宜杰《袁世凯一生》

〇一八

八十三天皇帝梦

特制的两件龙袍，袁世凯至死都没敢穿。他想做皇帝，到头来只是一场黄粱梦。

闹元宵成了闹"袁消"

袁世凯当上中华民国总统后的第二年春节过后，转眼元宵节，这时京城内外一片欢腾，总统府里也忙着制作花灯和元宵。袁世凯也兴高采烈，可是转而一想，"元宵"谐音"袁消"，很不吉利。于是下令将"元宵"改称为"汤圆"。没有想到，这么一改没过几年，还真闹得"袁消"了。

袁世凯死后，报纸上曾经出现这么一副挽联：

起病六君子，送命二陈汤。

"六君子"和"二陈汤"都是中药。这里的"六君子"指的是"筹安会"六君子，即杨度、孙毓筠、严复、刘师培、李燮和、胡瑛。"二陈汤"指的是陕西的陈树藩、四川的陈宧和湖南的汤芗铭。

"六君子"和"二陈汤"为什么会弄得"袁消"呢？

妓女也上《劝进表》

袁世凯自诩为一世之雄，当上总统后仍意犹未尽，对一言九鼎的皇位垂涎三尺。可是考虑到现在已经民国，民主已经深入人心，他心里虽想，行动上还有所顾忌。平日他与亲信谈话时，总喜欢说这么一句话："如果全国老百姓一定要我做皇帝，我就做。"

亲信们知道袁世凯的心思后，组织了一个"筹安会"。"筹安会"的核心人物是杨度、孙毓筠、严复、刘

太和殿更名承运殿
袁世凯称洪宪皇帝时，将太和殿更名为承运殿。三年多以前，他曾在此信誓旦旦，就任民国大总统。

公元1914年

中国大事记

7月8日，中华革命党在日本东京成立，孙中山就任总理。

河南安阳袁世凯墓

袁世凯死后，黎元洪等以民国元首的规格安葬他于其生前曾要挟清室所隐居的安阳，并设置护陵人员。

师培、李燮和、胡瑛，称为"筹安会六君子"。"筹安会"与袁世凯密谋，由"筹安会"煽动"民意"恢复帝制，而袁世凯则假惺惺力拒帝制，双方扮演一出双簧。"筹安会"发表《宣言》说："父老子弟共和而望君宪非一日矣。"在"筹安会"的策划下，上至王公遗老，下至车夫游民，甚至北京八大胡同的妓女也组织了"请愿团"到新华门跪呈《劝进表》。

袁世凯的铁杆亲信陈宧对恢复帝制尤为卖力。陈宧当时被派往四川做官。临行前，他向袁世凯辞行。陈宧跪在袁世凯面前先遵朝见皇帝大典，五体投地磕了九个响头，然后又仿照欧洲中世纪的礼仪，膝行向前，亲吻袁世凯的两只脚。他两眼含泪，对袁世凯信誓旦旦地说："我陈宧再次恳请大总统于元旦登极，即皇帝位。若不答应，我就跪在这里，死也不起来。"

袁世凯心里乐得像开了花，1915年12月13日终于在中南海居仁堂接受了百官朝贺，下令筹备登基大典。

龙袍送给唱戏人

袁世凯要做皇帝，为身着的龙袍颇费了一番心思，他急切地要做两套龙袍，一套登极穿，一套祭天用。亲信们请求如何制作，他说："如今时局变迁，龙袍既不可以泥古，也不宜尽坏旧仪。要集思广益，使之成为万世法式，传之子孙。"制袍的立意虽然有了，但如何制作仍不得要领，而时间又如此紧迫。他的亲信只得再请示袁世凯。

袁世凯捻着小胡子，微笑着对他的亲信说："历代帝王服尚黄色已两千余年。然气数已尽，故有民国之变。今重建帝国，不宜再袭旧文。予主礼服用赤色，圆领以象天，方袖以象地，对襟以象两半球，隐寓全球服从之意。上绣金龙，兼用藻火，足令万国观瞻，尔等以为如何？"众人听了都说好，称新式龙袍参酌中外，可谓至善至美。

龙袍样式确定以后，决定采用湘绣，挑选了36名女工日夜赶造。龙袍以真金抽成丝织成，遍缀珠宝，最大的一颗大东珠取之清室内库。登极用的龙袍花费30万元，祭天用的龙袍花费50万元，东珠价值还不在其内。负责祭天龙袍制作的亲信向袁世凯请赏，袁世凯大笔一挥，给了20万作为犒赏费。因此，仅祭天龙袍一款，花费70万元。当时一个普通职工年薪仅100元，所以70万元实在是一笔不小的巨款了。

袁世凯的龙袍不中不西，不古不今，上面绣了九条龙，蜿蜒上下，看上去甚是华丽。袁世凯看了却不满意，说龙气分散，不团聚。于是，下属又命令赶制了第二件。第二件是九团龙袍，每团绣一龙。袁世凯试穿了两次，十分满意。然而，袁世凯登极之时，全国人民纷纷讨袁，吓得袁世凯没有敢穿龙袍登极。袁世凯后来将这两件龙袍都送给了当时北京著名的京剧老生刘鸿声。刘鸿声穿着真的龙袍唱《斩黄袍》，狠狠地过了一把瘾，在北京引起轰动。

花如此巨款制作龙袍，而袁世凯却十分坦然地对他的亲信说："皇帝登极之冕服，统计亦不过百万金，不可谓不俭。"众亲信皆异口同声地称赞大总统一贯以节俭为怀，为世人楷模。

袁世凯登基，除龙袍外，还制作玉玺1枚，12万元；

公元1914年

世界大事记：7月3日，英国炮制包括麦克马洪线的所谓《西姆拉条约》，中国政府拒签，并声明概不承认。

制作金质御印2枚，一重50斤，一重30斤，合计60万元；制作皇帝宝座花费二十余万元。登基费用，各项开支合计2000万元。

83天的"闭门天子"

袁世凯在北京急急忙忙筹备登基大典，而云南那边首先燃起讨袁烽火。蔡锷宣布云南独立，袁世凯制造的"民意"破产了，帝制的丧钟敲响了。

1915年12月31日，袁世凯下令改元，以明年为洪宪元年。1916年元旦，在全国人民的反对声中，袁世凯未敢举行登基大典，但下令改总统府为新华宫，对内称中华帝国，改用洪宪纪元。

袁世凯要当皇帝，全国各地纷纷宣告革命倒袁，弄得袁世凯如坐针毡。当他接到他的铁杆亲信陕南镇守使陈树藩宣告"独立"的文电时，感到心惊肉跳。接着，又接到陈宧从四川发来宣告"独立"的文电。此时袁世凯手上正捧着一杯茶，听了陈宧电报，如五雷轰顶，竟从座椅上滑到地上，茶杯摔得粉碎。

3月23日，袁世凯被迫申令废止洪宪年号，仍以本年为中华民国5年。袁世凯从改元洪宪到废止洪宪，总共做了83天"闭门天子"。 ▷华强

洪宪银元
袁世凯准备称帝时发行的银元，但未通用于市场，袁已下台。

袁世凯政权五任内阁

项目顺序	年月	国务总理	政治面目	附注
第一任"同盟会中心内阁"、"唐宋内阁"	1912.3-6	唐绍仪	前清官员，后加入同盟会	在南京组阁。唐原是袁世凯亲信。同盟会成员有农林总长宋教仁、教育总长蔡元培、司法总长王宠惠、工商总长陈其美、交通总长唐绍仪（兼）；袁亲信有内务总长赵秉钧、陆军总长段祺瑞、外交总长陆徵祥、海军总长刘冠雄；共和党有财政总长熊希龄
第二任	1912.7-8	陆徵祥	前清外交官	经参议院两次会议，始通过财政总长周学熙、司法总长许世英、教育总长范源濂、农林总长陈振先、交通总长朱启钤、工商总长刘揆一，其余成员同。陆被弹劾失职，由赵秉钧代理
第三任"国民党内阁"	1912.8-1913.5	赵秉钧	前清官员	赵秉钧等七个阁员，被黄兴拉进国民党
第四任"名流内阁"	1913.7-1914.2	熊希龄	进步党（共和党、统一党、民主党合组）	袁世凯于1913年10月当上正式总统，先后取缔国民党和解散国会，迫使熊辞职，由孙宝琦代任
第五任	1916.4-	段祺瑞	前清官员	1914年3月袁世凯改国务院为政事堂。称帝失败后，旋撤销帝制，恢复责任内阁，任段为国务卿（总理）

公元1914年

中国大事记：8月，黄兴、李烈钧和陈独秀在日本东京成立欧事研究会。

〇一九

棋王谢侠逊

象棋国手谢侠逊从6岁弈棋，纵横中国和东南亚，打败很多天下高手，40岁开外，就被世人誉为"棋王"。

13岁会战"陈无双"

谢侠逊出生在浙江平阳农家，受家庭熏陶，从小就爱好象棋，10岁时得到一册古棋谱《韬略回机》，看着谱本，对着棋盘，一篇一篇地钻研，反复读，反复练，大有长进。一年后，战遍平阳全城无敌手。

出名后他仍醉心于钻研，终于又找到一册《百局象棋谱》，他精读了几年，直至运用自如。谢侠逊13岁那年，专程赶到温州府城，拜访温州府第一高手号称"陈无双"的陈笙。陈笙没有因他年龄小、资历浅而轻视他。二人对弈时因为桌子高，他只能跪在椅子上，二人认真连下三局棋，第一局陈胜，第二局陈负，第三局两人从下午1时一直战到万家灯火，打成平手。陈笙连声说："后生可畏，后生可畏。"

爱国棋王谢侠逊

1937年卢沟桥事变后，谢侠逊与萨镇冰、于斌、胡适、陈树人等五人充当国民政府巡回大使，赴欧美和东南亚地区宣传抗日、劝募捐款。他与众不同，只带了一个秘书和"十六对"（象棋），却在东南亚共募得五千余万元（不含金银珠宝），还动员了华侨3000人回国服务，自己除领取安家费3000元外，不取分文报酬。

谢侠逊棋艺突飞猛进时，是在1902年他15岁时。那年他遇见陈笙弟子林奕仙。林奕仙长期侨居国外，这次回乡从老师处得悉谢侠逊其人其事，颇为不服，就向比他年轻十几岁的谢侠逊挑战。

林奕仙下象棋善用炮，且以当头炮开局绝招，打出极好格局，所以棋坛友朋称他是"林大炮"。谢侠逊从容应付，认真对待。两人挑灯夜战。林发炮自如，攻势猛烈，谢侠逊招架不住，连输三局。后来他才知道对方是熟谙古棋谱《橘中秘》，由此更加诱发他对前人经验的学习。于是他收购了更多古棋谱，精心阅读各个残局的攻守，并努力寻找对付林奕仙的棋术，终于从一部手抄的《梅花谱》残卷里，发现有"屏风马破当头炮"棋路，经反复推敲，终于找出一套有效地钳制林奕仙炮势的办法。因为谢侠逊善于在棋盘上用屏风马，棋坛从而流行谢侠逊的马，放马平川，难以阻挡。

排残局，影射袁世凯卖国

1912年，辛亥革命爆发后，谢侠逊喜不自胜，他剪去了长辫子，自己编制了《鄂军起义》棋局，附题"匹夫倡义武昌城，打尽鲸鲵草木惊"。他用红兵在棋盘上先发难，象征武昌首义。他将稿子送往上海《时事新报》发表，获得很多读者赞赏。从此在《时事新报》开辟了象棋专栏，刊载残局，介绍古谱，使得象棋谱走进了舆论阵地，从而将象棋推为正规的体育活动。

1915年，在平阳乡村小学教书多时的谢侠逊，来到上海。他初来上海，举目无亲，流离失所，终因有一手象棋棋艺，被时事新报社董事长兼总经理黄溯看中，安排他任营业部办事员兼象棋专栏编辑。这时，传来袁世凯正与日本签订卖国的"二十一条"的消息。谢侠逊义愤填膺，与棋友吴县旧举人潘定思合作，将从鸦片战争《南京条约》以来

072

公元1914年

世界大事记
7月17日，俄国强占中国唐努乌梁海地区（外蒙古以北）17万平方公里领土。
7月28日，奥地利因斐迪南大公夫妇被刺死一事向塞尔维亚宣战。

人物：谢侠逊
关键词：善思　爱国
资料来源：《百岁棋王谢侠逊》谢瑞淡 《棋王谢侠逊诗文选》谢瑞淡

"共纾国难"棋局

谢侠逊1939年在重庆与周恩来对弈，结果是连下两局和棋，后经两人商定，将第二局残局定名为"共纾国难"。谢侠逊逝世后，在他家乡浙江平阳腾蛟镇所建立的棋王碑林的主碑背面就刻有这局残棋。

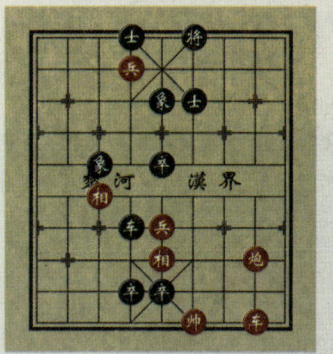

的各个丧权辱国事件，分别排了三十个字形残局，用以影射袁世凯卖国，告诫社会各界和同好勿忘国耻，并取书名为《国耻纪念象棋新谱》，由上海商务印书馆出版。

几个月后，当严复、杨度等六个大知识分子，发起所谓"筹安会"，拥戴袁世凯粉墨登场，上蹿下跳加官进爵时，谢侠逊视他们为无耻之尤。他巧思棋局构建了一副"卡"字形残局，并明文作注："筹安筹得乱哄哄，六君子原是六凶。"以此揶揄此类帮闲和所拥戴的袁世凯进退维谷，必被卡死也。

当时谢侠逊还与潘定思合作，撰写了《帝制纪事象棋五局》，在报上征求订户。后因商务印书馆不敢承印而中止。

"象棋之王"、"天才圣手"

早在1918年，谢侠逊因中国象棋下得好，而荣获中国棋赛冠军。到了1928年又为全国棋界拥举为"棋坛总司令"，誉称"中国棋王"。但他没有满足现状。他在做报社象棋专栏编辑时以棋会友，相识了丹麦棋友葛麟时瑞。葛在上海海关税务司任职，在中国居住已二十年，而此人对中国象棋和国际象棋都有一手。开始，他不相信谢侠逊能下盲棋，邀请谢来家，经当场表演，大为信服。此后，谢侠逊教他下中国象棋，他也教谢学国际象棋。

谢侠逊著作《象棋谱大全》

初集1929年由上海中华书局印行。这是中国有史以来收集象棋谱最全的一部著作。梁启超撰联以赞之。孟森等作序，该书至1941年共九次再版。

触类旁通，谢侠逊很快掌握了国际象棋门径，而且下得非常好。第一次参加外国人在上海主持的"万国象棋会"，会长英国人杰克逊和他试局，当即被他打得落花流水，杰克逊不服，叫来一位颇谙棋艺的高手与他角逐，也推枰败北。外国棋友在惊奇后，向他握手，并跷起大拇指对翻译说："中国人是世界上最聪明的，我们下了二十多年棋，他刚刚学会，就赢了我们。"

谢侠逊因为国际象棋下得高妙，此后还常被选拔，代表"万国象棋会"参加比赛，有两次还通过无线电与远在小吕宋（菲律宾）的棋手进行比赛。1935年出访东南亚等十个城市，在所下241局中，胜175局，负13局，胜多，和少，败更少，被当地华侨誉为"象棋之王"、"天才圣手"。当时南京国民政府主席林森特书赠："瀹灵益智"。

> 盛巽昌

东南亚侨胞欢迎谢侠逊

公元1914年

中国大事记

8月3日，一战爆发，外交部通告各国不得在中国领土、领海及英法德俄日等租借地交战。

蔡东藩写演义

蔡东藩平生不得志，但却留下了一部巨著《历朝通俗演义》，至今仍传播万里，名闻全国。

不做知县做编辑

蔡东藩出身于小店员家庭，家境虽穷苦，却极好学，特别喜欢读史书。他十几岁就考中秀才，后又以优贡生朝考入选。那时正逢甲午战争失败，蔡东藩对清王朝丧权辱国颇为愤懑，说："甲午之衅，谁实启之？今乃甘心屈辱，想是一朝被蛇咬，三年怕草绳。"因而在发放福建知县候补期间，他称病放弃做官，回到浙江萧山临浦镇家中。

辛亥革命后，蔡东藩经朋友介绍，到上海会文堂新记书局任编辑。他凭广博的知识，编写了如《中等新论说文范》、《客中消遣录》等书，以及一部中医书《内科临症诀》。其中最与历史相关的，却是一部仿照历朝纪事本末写作的《清史概论》，这大概就是蔡东藩始作演义的起源。

十年写成史演义

蔡东藩在会文堂书局呆了三年，就回到家乡，开设私塾，以教书维持生计。但他最主要的目的乃是编写中国史，启发民众，应和当时流行的"教育

《历朝演义》会文堂版

上海会文堂书局因拥有蔡东藩所著历朝通俗演义初版版权，以至于年年盈利。

救国"、"知识救国"等主张。1916年，蔡东藩率先完成了《清史演义》。接着又由近及远，陆续编写各朝历史演义。他写作进度飞快，几乎是每半年就能完成一朝，十年中他写成了自秦始皇至1920年（民国九年）江苏督军李纯死事止，跨度为2166年，总字数为五百多万字的演义体历史小说。其叙事清晰、生动，史料事出有据，保持演义的文以载道的特色，而这些演义又与传统的旧演义，如《三国志演义》等有所不同，忠于史事，又有新创意，即自写正文，自写批注，自写评述，没有编造，更无乖离史实。完全可以当作历史读。

蔡东藩写演义，特别是《民国演义》，秉公而言，嫉恶

杭州钱塘江畔六和塔
隔江即是蔡东藩家乡萧山临浦镇，作者往来杭州或上海，必由此摆渡启程。

公元1914年

世界大事记：8月1日，德国向俄宣战，9日向法宣战。4日英国对德宣战，美国发布中立宣言。6日奥地利向俄国宣战。

蔡东藩《历朝通俗演义》

人物：蔡东藩　关键词：勤奋 质朴　资料来源：萧山文史资料《历朝通俗演义》

《历朝通俗演义》封面
本书系非卖品，是出版商将蔡著通俗演义中选择若干章回编成，用作营销广告。

如仇，他所谴责的很多当代人物，都是有权有势的权贵，因而当他在写作时，就有北军军头送来书信，以请吃"红丸子"（子弹）相威胁，书局就此要他"隐恶扬善"，为方方面面，多讲漂亮话。蔡东藩因此愤然辍笔，声称："孔子作《春秋》，为惩罚乱臣贼子。我写的都是事出有据，要我捏造，不干。"所以《民国演义》只写到第一百二十回。书局只得另请许廑父续貂。

磨凹砚台写秃笔

蔡东藩写作演义，全凭一人之力。他白天给孩子上课，晚上用于写作。每当写作，桌案上只有一支小绿颖羊毫笔，一块砚台。没有什么工具书、参考书，全凭强劲的记忆力，把过去所读的史书从心底挤出来。他毛笔用秃了百十支，砚台中间磨出了凹坑。每写好一册，即交往临浦小邮局，寄与上海会文堂书局出版，换回微薄稿酬维持生活。

生活清苦，蔡东藩却以著文自得其乐。他说："我伸我见，我为我文。不必不学古人，亦不强学古人；不必不学今人，亦不必盲从今人。"还说，"不求古奥，不阿时好。"蔡东藩晚年时正值抗日救亡时期，生活更加动荡不

葫芦制作酒器
乡间葫芦经晒干加工可作酒器，作者在所著通俗演义章回里，常穿插有用葫芦打酒事。

定，但却自号"苍髯叟"，旁人笑他常以豆腐渣佐餐，不像有知识的读书人。他却风趣地说："书香之家，不吃豆腐之渣，我本非书香后裔，出生于贫苦之家，吃豆腐渣，又有何不可。"　>盛巽昌

>历史文化百科<

〔鸳鸯蝴蝶派和许廑父〕

鸳鸯蝴蝶派，本系民初流行于市民社会中的一家文学流派，作品多系文言体和说白体的小说，内容多为才子佳人、卿卿我我的爱情作品，因而得名，又以作品多载于周瘦鹃创办的上海《礼拜六》和《小说丛报》、《小说新报》，所以又称"礼拜六派"。主要作者有徐枕亚、吴双热、李定夷等；代表作品为《玉梨魂》、《兰娘哀史》、《美人福》。五四新文化运动前夕，鸳鸯蝴蝶派作品风靡上海、苏州等地，尔后因不合时代潮流，且为新文学作家沈雁冰、郑振铎等批判，日渐衰落。

许廑父亦是鸳鸯蝴蝶派名家，所写小说，如社会小说《情海风化录》、《沪江风月传》，言情小说《武林秋》、《南国佳人传》、《心印》以及武侠小说《历代剑侠传》等等，均为不脱男女风情，格调低下的鸳鸯蝴蝶派作品，以致昙花一现，灰飞烟灭了。

公元1914年

中国大事记：8月21日，外交部照会德使，抗议违反胶澳条约，以青岛港为作战根据地。

○二一

创办《新青年》

> 《新青年》在千千万万读者之中，播下革命的种子。它为中国共产党的诞生，作了思想上的准备。

"北李南陈"

这回说的是《新青年》和它的创办人陈独秀的故事。

《新青年》，是沉寂中国的声声鼙鼓，是低回乌云下的一面艳目红旗。它在千千万万读者之中，播下革命的种子。它为中国共产党的诞生，作了思想上的准备。那位高举《新青年》大旗的陈独秀，与小他10岁的李大钊并驾齐驱，人称"北李南陈"。当时青年中流传这样的小诗：

北李南陈，
两大星辰，
漫漫长夜，
吾辈仰承。

陈独秀1879年出生于曾是安徽省省会的安庆。他名庆同，字仲甫，常用的笔名为实庵。独秀原本也是他的笔名。

陈独秀曾四次去日本求学。当年的日本，是中国革命分子的大本营。孙中山、李大钊、鲁迅、蔡元培、章士钊等等，在那里组织各种各样的革命团体，办报纸，出书刊。学得日语、英语、法语的陈独秀，在日本读了许多革命书籍，促使他的思想日渐激进。

独负重担

1915年夏，36岁的陈独秀从日本回国，落脚上海，便

《新青年》杂志
1915年9月创刊，第一卷原名《青年杂志》，因与别的杂志重名，从第二卷起改为《新青年》。在创刊初始即提倡民主、科学，宣传新文化。

《新青年》创办人陈独秀

陈独秀（1879-1942），字仲甫，安徽怀宁（安庆）人。独秀取名源自家乡独秀山。他早年留学日本，辛亥革命前夕在安徽组织"岳王会"，是中国共产党创建者之一，1942年于四川江津病逝。

公元1914年

世界大事记
8月26到30日，俄德坦能堡会战，俄军大败，被俘10万人。

人物：陈独秀
关键词：革新 进步
资料来源：叶永烈《红色的起点》

北京陈独秀旧居

惊雷声声

1916年11月26日，陈独秀去北京出差，下榻于离天安门不远处的西河沿中西旅馆。第二天清早，北京大学校长蔡元培就登门拜访。

蔡元培与陈独秀素不相识，但他知道陈独秀是位新思想、新文化的新人物，他急切前来是为聘请陈出任北京大学文科学长。陈独秀听了来意，面有难色地说："仲甫身为《新青年》主编，每月要出一期杂志，编辑部在上海，无法脱身。"

"此事不难解决。先生可把《新青年》杂志搬到北大来办！"蔡元培说，"北大乃人才济济之地。先生到北大来办《新青年》，一定比在上海办得更有影响。"

陈独秀同意了。

1917年1月下旬，陈独秀赴京上任。他的住所北池子箭杆胡同9号，也就成了《新青年》杂志编辑部所在地。

不久北京大学的李大钊、鲁迅、胡适、钱玄同、沈尹默、刘半农等先后加盟《新青年》。

青年时期的胡适

着手筹办《青年》杂志，同年9月15日出版了创刊号。

陈独秀在创刊词《敬告青年》中，鲜明地向青年们提出六点见解：

（一）自由的而非奴隶的；
（二）进步的而非保守的；
（三）进取的而非退隐的；
（四）世界的而非锁国的；
（五）实利的而非虚文的；
（六）科学的而非想象的。

陈独秀指出："国人而欲脱蒙昧时代，羞为浅化之民也，则急起直追，当以科学与人权并重。"他以为科学与人权（民主）乃"若舟车之有两轮焉"。这样，《青年》杂志一创刊，就高高举起了科学和民主这两面大旗。

一年后，《青年》杂志改名《新青年》。《新青年》"一枝独秀"，陈独秀名声因之鹊起。

当时，陈独秀住在上海法租界环龙路老渔阳里2号，那里也就成了《新青年》编辑部的所在地。

077

公元1914年

中国大事记

9月15日,日军在山东发行纸币,毁坏米稻,虐待居民,外交部向日使严重交涉。

沙滩红楼
北京大学文科和图书馆所在地,现为红楼新文化纪念馆。

年》。

在沉闷的中国大地上,《新青年》发出一声声惊雷:胡适的《文学改良刍议》,陈独秀的《文学革命论》,鲁迅的《狂人日记》,李大钊的《庶民的胜利》……

《新青年》成为全国最有影响的刊物,发行量居各刊物之首,在国内四十三个省市设有九十四个代派处。

指路明灯

1919年10月,《新青年》编辑部随陈独秀回沪而迁回上海。陈望道担任了《新青年》编辑。

《新青年》从1920年9月1日第八卷起,成为上海共产主义小组的刊物。

1922年7月,《新青年》休刊。1923年6月改为季刊,成为中国共产党中央委员会的理论性机关刊物,迁广州出版,由瞿秋白主编。出四期后休刊。1925年4月复刊,为不定期刊。出五期后,于次年7月停刊。

>叶永烈

历史文化百科

〔青年运动溯源〕

青年学生运动是近现代史一个重要的政治现象。早在1895年天津就建立"青年会"。此"青年会",原是19世纪中期在世界各地兴起的基督教青年会,以开展济世乐群的社会文化活动为宗旨。中国最初出现的叫"学塾幼徒会",因它均设在学堂里,故名"学塾幼徒"。天津印行《天津基督教青年会会刊》,翌年又办刊物《中国的青年》,从而使"青年"摆脱"青年会",并由"专名词"嬗化为常用名词。1902年,各地"学塾幼徒会"在上海集会,确定统称为"基督教青年会"名称,上海的"学塾幼徒会"会刊,也由《学塾月刊》改名《学生青年报》,后又改名《青年》。

1915年,陈独秀在上海创办刊物,取名《青年杂志》。上海基督教青年会即提出重名异议。翌年,《青年杂志》改名《新青年》。

公元1914年

世界大事记

9月5日至12日，英法联军和德军大战于马恩河，双方共投入兵力180万人，德军退却。

人物：蔡元培
关键词：革新 民主
资料来源：高平叔《蔡元培年谱长编》金林祥《北京大学校长蔡元培》唐振常《蔡元培传》

北京大学校长蔡元培

一个人改变了一所学校。蔡元培出任北京大学校长，广请学界饱学之士使大学学术空气深厚，朝气蓬勃。

孙中山坚定了他的信心

北京大学原系京师大学堂。初办时所收学生，都是京官。学生出入有轿马代步，不少学生还带仆从侍候。而学校当局对前来兼职的官员也大加欢迎，以至教学人员很多属不学无术之辈。

1916年9月1日，当时在法国的蔡元培接到教育总长范源濂拍来电报，请他出任北京大学校长。蔡元培接到电报后于10月2日偕家人启程回国，11月8日抵达上海。

去不去北大上任，朋友们意见不一。多数人认为，北大现在陈腐不堪，故而上任会反累自己的名声。也有人认为，既然北大这个样子，就更应前去整顿，尽自己的责任，即使失败也算尽了心。孙中山赞成去北大。在他看来，蔡元培去主持，不仅能改变北大的官僚习气，还能利用办学，促进革命思想的传播。孙中山的话，坚定了蔡元培的信心，不久他便毅然走马上任。

"大学者，研究高深学问者也"

1916年12月26日，蔡元培走马上任。这天清晨，他见校役们集队在门口恭候，

学界泰斗，人世楷模——蔡元培
蔡元培（1868—1940），字鹤卿、孑民，浙江绍兴人。清末翰林，1902年与章太炎等组织爱国学社、爱国女学。1904年，组织光复会，翌年，加入同盟会。民国政府成立，任教育总长。1917年，任北京大学校长。1927年任政府大学院院长、中央研究院院长，1940年在香港病逝。著作有《蔡元培全集》。

忙脱下礼帽，向他们鞠躬后才走进校门。以后他每天出入校门，校警向他敬礼时，他都脱帽回礼。蔡元培的举止，轰动全校。

当天蔡元培发表到校的第一次演说，他提出大学学生，当以研究学术为天职，不当以大学为升官发财之阶梯。还说，大学与一般学校不同，一般学校"学成任事，此固势所必然。而在大学则不然，大学者，研究高深学问者也"。

当时北大学生，不少为做官发财而来，所以争相进入法科，学文理科的很少。针对这一情况，蔡元培强调北大不是"职业教育机关"，真正的北大学子，不会去追求升官发财，而是要过一种有价值的生活，这样的人才，是为数不多不被世俗习气同化的人，是能够帮助国家重新获得道德准则和精神的人，北大要培养的，就是这样的人。

只要有真才实学的都礼聘

蔡元培上任之初，认为要使北大成为研究高深学问的真正学府，关键在于教师。

整顿北大先从文科做起，蔡元培主张，只要是有真才实学的都礼聘。

所聘教授有提倡新文化的陈独秀、胡适、李大钊、钱玄同、刘半农和周作人，留任了张扬旧学的林损、陈汉章、辜鸿铭和黄侃；刘师培虽支持

公元1914年

> **中国大事记**
> 10月7日，外交部就日军强占济南车站，向日使提出抗议，谓日侵犯中国中立，已达极点。

北京大学未名湖

过袁世凯称帝，但因其国学根底极深，也被聘用了；梁漱溟资历虽浅，却因学有专长，被破格礼聘为讲师。这批学术精英的加盟，使北大变得百家争鸣，思想活跃，学术兴盛起来。体现了蔡元培办学"兼容并包"、"学术自由"的方针和理念。

选修课可以选择外系课程

确定了办学方针，端正了办学理念，蔡元培接着改革办学体制，

蔡元培常在湖畔与学生谈心。在他就任校长的当年，正逢一批学生毕业，他捐制了一批铜尺赠与学生作为纪念，上面有他撰写的一副对联：各勉日新志，共证岁寒心。

改变管理分散和混乱的状况。关于学科设置，根据"大学为研究学理的机关，要偏重文理两科"的思路，将农工商三科与原专科学校合并，大学本部，独留文理法三科，文科设在沙滩，理科

蔡元培故居

公元1914年

世界大事记：10月5日，法德飞机开战，这是人类第一次空战。

设在景山东街，法科设在北河沿。

随着办学实践的深入，蔡元培又看到文理分科的流弊，于是进一步主张"沟通文理，合为一科"。他认为，文理不能分科，文科的史学、文学均与科学有关，哲学更以自然科学为基础，而理科各学科都与哲学有关，自然哲学尤可归类于自然科学。

另一重要改革，就是废科设系。他觉得文理不能分科，便将文理法三科撤去，分列为14个系，"废学长，设系主任"。同时把年级制改为选科制，规定学生修满80个学分就可毕业，其中一半必修，一半选修，选修课可以选择外系课程，可

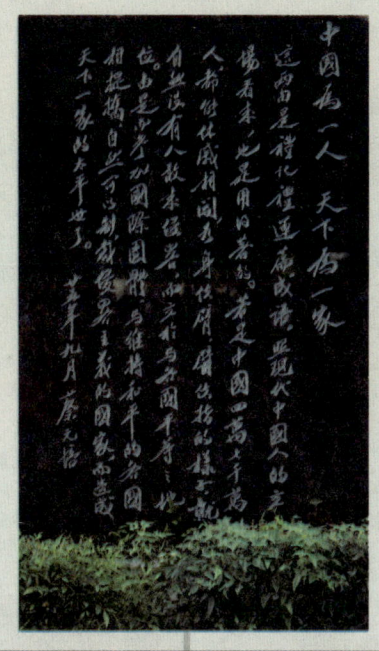

蔡元培手迹刻石

以随意进止，就此成为日后大学惯例。蔡元培提倡选修自由，致使大学还出现一批"偷听生"。小说家许钦文20年代初就在北京大学"偷听"，他后来回忆，颇有感情地说："我东漂西泊到了北京，在沙滩可受到了无限的温暖。"

北大招收女生，尤为世人瞩目。当时北京政府虽无禁令，但事实上鲜有前例，当时全国只有教会办的女子大学招收女生。蔡元培毕生提倡男女平等，主张女子有同受教育的权利，所以公开鼓励女子报考。不久，北大有了第一批女生，开了风气之先。　＞廖大伟

1949年前北京大学历任校长档案（部分）

项目 姓名	在任时间	简历	附注
孙家鼐	1898–1900	首任管学大臣，管理京师大学堂	因八国联军侵占北京，学校停办，旋去职
张百熙	1902–1904	以管学大臣重建京师大学堂	
张亨嘉	1904–1906	京师大学堂首任总监督（校长）	
严复	1912.2–1912.10	1912年被任为京师大学堂总监督（校长）	1912年5月3日改称北京大学校
章士钊	1913.10	1912年由日本回国，主持《民立报》，参加二次革命	去职后，由马相伯代理
蔡元培	1916.12–1927.7	1912年7月，先后赴德法留学。在法国组织华法教育会，主持《旅欧杂志》	前后出任校长12年，但在校主持为5年
蒋梦麟	1930年冬–1945.8	1919年为教授，长期担任总务长，三度代理校长	1938年迁昆明，由北大与清华大学、南开大学组成的临时大学改名为西南联合大学
胡适	1946.8–1949.1	五四时期为教授，后任文学院长	1945年抗战胜利，因在国外，由傅斯年代理

公元1914年

中国大事记：11月20日，北京政府令礼制馆妥议设立武庙，合祀关岳典礼。

○二三

毛泽东护校

青年毛泽东凭借过人的胆识和组织才能，最终保全了岌岌可危的湖南一师。

建议护校，转危为安

1917年秋天，毛泽东在湖南第一师范读书，因为他的品行、学问和胆识都好，在同学中威信极高而被选为学友会总务。此时，被拥护孙中山的湖南湘军打败的北洋军王汝贤师向长沙撤退时，所经之处，烧杀掳掠，因此长沙市民一日数惊，人心惶惶。

位于长沙南门外的湖南一师，是北溃败军必经之区，而它那幢宽敞的西式楼房，目标颇醒目，很易招徕败军前来骚扰。

在极为紧张的情况下，学监方维夏在大礼堂紧急召集全校师生提出：南郊有作战场危险，全校师生须集体赶到城东五里的阿弥岭暂避，速作准备，听号令出发。学生们听了，连忙整装待发，可是过了好几个时辰，却传来不需离校的信息。还说：留校可保安全，离校倒真有几分危险呢。

原来这是毛泽东提出的建议。他说学校人去楼空，正好让败兵进来趁火打劫和占据校舍。校方觉得他说得有道理，就采纳了。方维夏等还决定请毛泽东主持护校。

排兵布阵，指挥若定

早在去年，学校为奉行军国民教育，将学生编为自愿军一个营，下设两个连。毛泽东担任一连上士，主持一些简单的训练。由于他在辛亥革命那年，有过半年正规军生活和操练，用他自己的话说，是拿过七块大洋军饷的，因此对训练很积极也相当在行。

这次护校，他被全校师生拥戴为指挥员。

毛泽东果然有很强的组织能力和军事指挥知识。他首先把陈绍休等几个足球运动员安排到校门口值勤，又组织师生把教室里的桌椅板凳都搬出来，作为障碍物塞住学校所有外出的门。

第二天，一些零星的北洋溃兵，三三两两地

青年毛泽东（上图）
毛泽东在北京（下图）
1920年1月，毛泽东为发起驱逐湖南军阀张敬尧运动来到北京，他在湘乡会馆千人反张集会上撰写一联：张毒不除，湖南无望。图为毛泽东（左四）和同侪在北郊陶然亭留影。

公元1914年

世界大事记 12月18日，英国正式宣布埃及脱离土耳其，列为英国保护国。

萧三《毛泽东同志的青少年时代和初期革命活动》
王进《毛泽东生平纪事》

毛泽东 | 勇敢 谋略 | 人物 关键词 资料来源

湖南韶山毛氏宗祠
1925年3月，毛泽东和杨开慧回到韶山，办起一所农民夜校，培养农运骨干。校址就设在毛氏宗祠。杨开慧首次上课，在黑板上就写了"人"、"农民"三个字。

出现在校门口，因为看到有学生军严密布岗，未敢瞎闯。过了两天，北洋军王汝贤师的大部队由湘潭、株洲退至长沙南郊，驻扎在学校南面仅二里地的猴子石。

毛泽东探得这个情报后，立即判断这些溃兵既饿又累，神魂不定，犹如惊弓之鸟，是完全可以设法赶走的。于是他迅速挑选几百名胆大的学生，分发军训时所持的木枪，分成三路人马绕道出发，分布在猴子石周边的几个山头，对溃兵组成了一个包围圈；同时又联络附近的警察分所，要他们带上仅有的几支真枪，扼守妙高峰山头。

大智大勇，驱逐战祸

毛泽东自己坐镇学校，时刻注切败兵行动。

就在这天晚霞过后，黑夜即将来临时，溃兵借着暮色缓缓地蠕动前进，当他们接近埋伏地带时，早就枕戈以待的毛泽东立即发令警察在山头鸣枪，三处埋伏的学生便在洋油箱里大放鞭炮，还高声大喊："傅良佐逃走了，桂军进城了！""缴枪吧，才是生路。"

溃兵听了，以为是中了埋伏，不得不打着白旗前来谈判。在谈判中，溃兵代表同意放下武器，由长沙市商会拿出一些银元遣散回乡。

当晚，拥有三千人的溃兵乖乖地缴出枪械，毛泽东指挥学生将枪械全部安放在一师的大礼堂。把那些已手无寸铁的溃兵，安排在学校前坪露宿。

第二天，长沙市商会送来银元，解散了溃兵。

一场战祸，顺利而又妥善地获得解决。

整个湖南第一师范沸腾了，师生都称赞毛泽东的大智大勇，说他像一身是胆的赵子龙。在欢呼声里，有个同班同学问毛泽东："当时万一溃兵打枪还击，岂不甚是危险呢？"毛泽东胸有成竹地回答："溃军若有意抢劫，当天必将发难；否则，必是疲惫心虚，不敢通过长沙城关北门，只好闭守于此，故知一呼必从，情势然也。"

若干年后，毛泽东在谈及这件事笑道："我搞军事，恐怕这才真是第一次哩。"

> 盛巽昌

《湘江评论》报影
1919年7月14日创刊，毛泽东自任编辑和主笔，又兼校对、发行。第一期《湘江评论》印了2000份，一天之内就销售一空，以后每期印5000份。这个印数在当时湖南，甚至其他省市也是很大的。

公元1915年

中国大事记: 1月1日，吴淞、广州两处无线电报开始接收电信。公布权度法，以旧度量衡为甲制，万国权度通制为乙制。

新民学会主要成员表

1918年4月14日，新民学会在湖南长沙成立时，有会员29人，后逐渐发展为108人，是五四时期名声很响、会员最多的进步学术社团。1920年，它又以"改造中国和世界"为宗旨，成为一个政治性的革命团体。湖南早期的马克思主义者都集中在新民学会，成为学会的核心。

姓名	籍贯	学校	行事	附注
毛泽东 (1893—1976)	湖南湘潭	湖南一师	主要创办人	
蔡和森 (1895—1931)	湖南湘乡	湖南一师	主要创办人、1919年赴法勤工俭学	在广州就义
萧子升 (1894—1976)	湖南湘乡	湖南一师	赴法勤工俭学，后任南京政府农矿部次长	病逝于乌拉圭
萧子璋 (1896—1983)	湖南湘乡	湖南一师	赴法勤工俭学。任左联驻苏代表。建国后为作协书记	后名萧三
罗学瓒 (1893—1930)	湖南湘潭		赴法勤工俭学。1929年任中共浙江省委书记	在杭州就义
张昆弟 (1894—1932)	湖南益阳	湖南一师	赴法勤工俭学	红五军团政治部主任，于洪湖牺牲
罗章龙 (1896—1995)	湖南浏阳		最早参加者	中共第三至六届中央委员
何叔衡 (1876—1935)	湖南宁乡	任教长沙楚怡学校	最早参加者，任新民学会执行委员长	在福建上杭水口牺牲
李维汉 (1896—1984)	湖南长沙		最早参加者，赴法勤工俭学	在北京病逝
熊瑾玎 (1886—1973)	湖南长沙		与何叔衡主编《湖南通俗报》。任武汉《新华日报》总经理	在北京病逝
向警予 (1895—1928)	湖南溆浦	周南女校溆浦女校校长	赴法勤工俭学	土家族。在汉口就义
郭 亮 (1901—1928)	湖南长沙		1921年中共党员，参加南昌起义，中共湖北省委书记	在长沙就义
夏 曦 (1901—1936)	湖南益阳		1921年中共党员，中共五大中委，后为湘鄂西分局书记	长征中牺牲
李振翩 (1898—1984)	湖南湘乡	湘雅医学院		定居美国。医学教授
刘清扬 (1894—1977)	天津	参加觉悟社	回族	在北京病逝
匡互生 (1891—1933)	湖南邵阳	北京高师	五四火烧赵家楼领导人之一	病逝

084

公元1915年

世界大事记

1月19日，德国首次运用飞艇向英国本土散发传单。

○二四

张勋复辟

1917年7月1日，废帝溥仪宣布复位，可是仅仅只有12天，这场闹剧就寿终正寝。此事张勋是主要策划者，史称"张勋复辟"。

人物 张勋　**关键词** 复辟　守旧　**资料来源** 沈淦《短命的张勋复辟》 王健元《八日儿皇帝 张勋复辟丑史》

辫帅率领辫子兵

张勋原是清军驻扎南京的江南提督，武昌起义爆发后，被擢升为江苏巡抚兼署两江总督，革命军攻克南京后，投靠了袁世凯。但他和所部武卫前军，仍都留着辫子，以示忠于清王朝，因而被称为"辫子军"，他本人也被称为"辫帅"。

1913年，张勋奉袁世凯命令进攻讨袁军，重占南京，因镇压"二次革命"有"功"，被封为长江巡阅使。袁世凯死后，他在徐州成立北洋7省同盟，不久出任安徽督军，将同盟扩充至13省。

辫子兵进入北京

张勋梦想做个复国元勋。袁世凯死后，他更加速步伐，从1916年6月到1917年5月，先后在徐州召开了四次会议，为复辟清室出谋划策。

机会终于来了，1917年5月，大总统黎元洪和国务总理段祺瑞就是否对德宣战，发生"府院之争"，双方剑拔弩张，矛盾发展到白热化。5月下旬，黎下令解除段的职务。

段祺瑞不服气，在天津设立总参谋部，并唆使各地北洋军阀宣布独立，武力倒黎。黎元洪一筹莫展，便想

故宫

公元1915年

中国大事记

3月18日,上海各界在张园开会,议决排斥日货,储金救国。

黎元洪就任总统纪念章

利用张勋来对抗段祺瑞。张勋表示乐意入京调停"府院之争",段祺瑞想利用张勋赶走黎元洪,解散国会,因此也表示支持。

6月7日,张勋带领几千辫子兵从徐州出发,赶到天津。一到天津,他便声明支持段祺瑞,要以武力威胁,限令黎元洪三天内解散国会。一天后,张勋辫子军入京,分驻天坛、先农坛等处。黎元洪出于无奈,只得于6月12日下令解散国会。

挂龙旗,闹剧登场

6月14日,张勋一进北京,又强迫黎元洪辞职,并邀集保皇派康有为等人策划清帝复辟。这时各地王公贵族和清朝余孽纷纷涌入北京,合辞上奏,请逊帝溥仪复辟。

老保皇党头子康有为早就和张勋暗中来往,在接到张勋的邀请后,带着暗中早已拟就的"复辟登极诏"等诏书十九道,赶到北京。经张勋和康有为等人一番秘密策划,于6月30日晚上召集北京的军警头目开会,命令辫子兵把守紫禁城、车站、邮电局等要地,同时派人劝黎元洪"奉还大政"。

7月1日早晨3时,张勋穿戴朝珠蟒服,率领康有为等文武官员三百多人进入清宫,拥戴12岁的逊帝溥仪复辟。并以溥仪名义连发八道"上谕",恢复清朝末年的旧制度。

溥仪大加封官授爵,张勋被封为忠勇亲王,任内阁首席议政大臣兼直隶总督、北洋大臣,徐世昌和康有为被封为"弼德院"正副院长,劳乃宣被封为法部大臣。其余复辟重要人物,分别被封为尚书、侍郎等。还通令各省督军和图谋复辟的溥仪(上图)

辫帅张勋
张勋(1854—1923),字少轩,江西奉新人。曾为奴仆,由小兵递升为一品江南提督,辛亥革命时,在南京顽抗失败退至山东兖州。"二次革命"中,占领南京。

张勋复辟,不得人心。溥仪生父、前清摄政王载沣被接到养心殿,却一言不发。溥仪只在紫禁城里做了12天闭门皇帝,这是他第一次做傀儡。事后,他听从英国老师庄士敦建议,剪去了长长的发辫。

086

公元1915年

世界大事记

2月21日，巴拿马太平洋万国博览会于美国旧金山开幕。

北京安定门大街（上图）
安定门大街是张勋辫子军主要屯扎处。

北京正阳门箭楼（下图）
张勋辫子军进京，正阳门里外所住的前清亲王、贝勒们得意非凡，门口用红纸包着赏银，见辫子兵就给，把银子都赏光了，而那些辫子兵还闻风而来领赏呢。

店悬挂龙旗，以示庆祝，可是这种旗帜早已被扔进垃圾箱，无奈何只得在黄纸上绘一条四条腿或八条腿的怪物，凑作龙旗来应付。

倒台后，满街长辫子

张勋复辟，不得人心。溥仪的老师陈宝琛就持相反意见，他以为这样会令溥仪再次倒霉。当时张勋、康有为等人，还请来宗室载沣、载涛，要他们同心合力，一并拥戴。可是哥儿俩，一个低头不语，一个装糊涂，王顾左右而言他。

全国舆论一致声讨复辟丑剧。北京十几家报纸自动停刊，表示抗议。上海、天津、武汉等处的报纸也无不口诛笔伐，痛斥张勋等"妖孽"、"小丑"。各大城市群众团体、社会名流，纷纷集会，发表通电，表示拥护共和，坚决反对复辟，要求讨伐张勋。

孙中山与章太炎等在上海发表讨逆宣言，号召革命党人，组织军队讨伐张勋。黎元洪拒绝与复辟分子合作，躲入日本使馆避难，电请副总统冯国璋代行大总统，特任段祺瑞为国务总理。

这时，段祺瑞因利用张勋驱逐黎元洪的目的已经达

省长，分别改称提督、都统或巡抚、总督。

张勋当天就给各省军阀发去电报，宣布把民国6年7月1日改为宣统九年五月十三日，废除五色共和旗，悬挂龙旗。转眼之间，北京城内好像又回到了前清时期，遗老遗少从箱底找出长衫马褂、瓜皮小帽和顶戴花翎，还设法寻得假辫子。又到戏班子，把那儿的戏袍捞个精光。而这时更为兴旺的是估衣铺。珠市口的隆德兴行八成新的蟒袍本来20块大洋无人问津，现在每身竟卖到120块大洋，而且还在见涨。警察挨家挨户勒令北京市民和商

公元1915年

> **中国大事记**
>
> 5月9日，北京二十余种报纸刊出日本最后通牒，并以5月9日为国耻纪念日。

段祺瑞部讨逆军与辫子军交战

1917年1月，张勋复辟，当时曹锟嘱咐吴佩孚起草贺电。不料吴因酒醉未发。醒来得悉段祺瑞已组织讨逆军，声势浩大，即撕去电报，通电讨张。

到，又得到日本100万日元的军费支持，便于7月3日在天津马厂召集军事会议，组织讨逆军并任总司令，宣布讨伐张勋。讨逆军以段芝贵指挥东路，沿京津铁路西进，以曹锟指挥西路，沿京汉铁路北上。尔后两路会攻北京，歼灭辫子军。12日拂晓，讨逆军五万余人攻入北京，并首次使用了飞机投弹。飞机出现在紫禁城上空，扔下三颗小炸弹，把溥仪和那群遗老遗少吓得半死。辫子军几乎没有抵抗，纷纷抛下辫子，换装逃跑。清晨，北京市民打开家门，只见满街到处是乱抛的长辫子和翎顶号衣。张勋匿居荷兰驻华使馆。康有为躲进美国驻华使馆。溥仪再次宣告退位。其他复辟分子也作鸟兽散。

"张勋复辟"闹剧前后总共上演了12天。

当时流行不少揶揄复辟闹剧的童谣，其中一首是：

张大帅进京，八千辫子兵；

小皇帝上殿，老家伙发疯。

美梦做了七天整，哏儿比着凉嘎崩崩。 ＞廖大伟

北洋军阀代表人物健康档案

姓名	籍贯	派系	死因
袁世凯(1859-1916)	河南项城		称帝失败后病死，至于得了什么病说法不一，据西医卜西尔、中医萧龙友之说，袁死于尿毒症
黎元洪(1864-1928)	湖北黄陂		数次出山担任总统，1923年被曹锟赶下台后，隐居天津张园，兴办企业，后死于脑溢血
冯国璋(1859-1919)	直隶河间	直系	曾任总统，下台后隐居家乡河间办盐业公司，后死于肺病
徐世昌(1854-1939)	直隶天津		曾任总统，下野后，返乡做寓公，1939年病逝
曹锟(1862-1938)	直隶天津	直系	贿选总统，后被冯玉祥赶下台。抗日战争期间，日军妄图引诱其出任伪组织头目，但他不为所动，后病死于天津
段祺瑞(1865-1936)	安徽合肥	皖系	皖系军阀首领，数度执掌北洋政府大权，下野后，隐居上海，吃斋礼佛，1936年病死
吴佩孚(1874-1939)	山东蓬莱	直系	直系军阀重要头领，北伐战争战败后，下野做寓公，抗战爆发后，拒绝日本引诱出任伪职，为日本医生所害
张作霖(1875-1928)	辽宁海城	奉系	奉系军阀首领，曾任安国军总司令，后被日本人炸死于皇姑屯
孙传芳(1885-1935)	山东历城	直系	北伐战败后下野，隐居天津，参加佛教居士林，后被施剑翘刺杀

公元1915年

世界大事记

4月22日，德国于比利时伊普雷战场首次使用毒气。

人物：孙中山
关键词：爱国 博学
资料来源：孙中山《孙中山全集》 陈锡祺《孙中山年谱长编》

〇二五

孙中山铁路宏图

卸任临时大总统的孙中山，不辞辛劳，向各界宣传他的铁路建设计划，终因内外交困而落空。

建铁路，踌躇满志

1912年4月，孙中山辞去临时大总统后，全心全意要在中国建造铁路网络。同年6月，他由广州到上海，向上海记者公开发表谈话，指出要在十年里完成全国铁路网。三天后，又对前来采访的上海《大陆报》记者说，铁路大计是发展中国财源第一要策。

7月22日，孙中山在上海出任中华民国铁道协会会长。他到处演说输入外资，强化筑路，还应邀题词："筑路救国。"

正当孙中山向往着铁路建国时，接到了袁世凯盛情邀请的电报，要他去北京共商国是，其中特别提及铁路建设。孙中山见袁世凯投其所好，心中大喜。由于当时火车尚未通北京，他只得乘海轮经六日六夜航行于8月24日经天津抵达北京。当天在迎宾馆稍作休息后，就乘袁世凯特备的金漆朱轮双白马车赶到中南海总统府。袁世凯早在居仁堂前等候，见他到来，扬臂带头高呼："孙中山先生万岁！"孙中山也举臂回以欢呼："大总统万岁！"

袁世凯装得谦恭有加，表示要聆听孙中山建国高见。孙中山推诚置腹，提出自己多年来的设想："中国要富强，首先是要'人尽其才，地尽其利，货畅其流'，而欲'货畅其流'，修铁路乃第一要务。"他还表示愿意负修铁路之责，保证在十年之内，修筑铁路二十万里，并请袁世凯在同一时期训练精兵一百万以强中国。

袁世凯当即表示赞同。

七天后，袁世凯发布大总统令，专任孙中山为全国铁路督办，策划全国铁路全权，但在背后却对亲信们说孙中山是个"孙大炮"，信口胡说。

尽心力，反遭诬陷

袁世凯信誓旦旦，孙中山信以为真。他离开北京后，先后视察了胶济线和正太线。在赴太原途中，当火车向西进入娘子关换上了窄轨时，孙中山感到有问题，问随行的铁路设计师梁上栋：这样做

孙中山建国宏图成竹在胸
从1918年到1919年的一年多时间里，孙中山在居处闭门著作，写完了《孙文学说》和《实业计划》两书，连同1917年写成的《民权初步》合为《建国方略》。图为孙中山1924年在广州。

公元1915年

中国大事记：5月13日，汉口商民抵制日侨举行提灯庆祝大会，并与日人发生冲突。

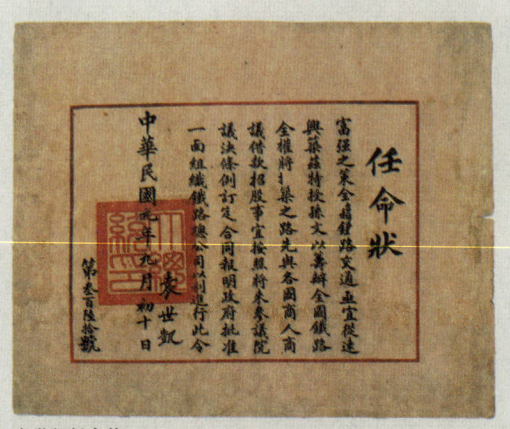

袁世凯任命状
孙中山在京25天，先后与袁世凯会谈了13次。袁为迎合孙富国强兵的迫切愿望，任命孙为全国铁路督办，并自夸说："我虽系历来做官，然所办之事，却以实业为第一大宗。"

法是否妥当。梁上栋说：除非万不得已，仍须用标准轨为宜。

孙中山视察后回到上海，几天后就在广东路为中国铁路公司挂牌，自任总理，邀请詹天佑为助理，接着又不辞辛劳，带着马君武、徐谦等人乘坐客车到全国各地视察。翌年2月，还从上海启程赴日本考察铁路。

正当孙中山兴冲冲地在日本考察铁路时，突然接到宋教仁被刺遇害的消息，急急回国后，他终于对袁世凯的狼子野心看出了端倪。当上海陈其美讨袁失败后，袁世凯立即变脸，授意上海镇守使、他的爪牙郑汝成组织人力清查孙中山主持的铁道公司账目，尔后又以孙中山没有建筑一寸铁轨，而视察食帑却已花费百十万两银子为名，罢免了他的"全国铁路督办"，还宣布他是贪污犯，下令张贴公告，全国通缉。

袁世凯说孙中山是"孙大炮"也就传开了，但民众说叫孙中山孙大炮很好，那是他口才好，一开口就口无遮拦，直来直去，犹如大炮狂轰军阀、劣绅，摧枯拉朽，大快人心。

为未来挂图四壁

1918年6月，孙中山携夫人宋庆龄离开广东居住于上海香山路，依然潜心设计包括铁路网的中国实业计划。

孙中山每天清晨起床首先就是看地图，有时还在图上画圈画线。然后和夫人进餐。进餐后，他翻看当天几家中英文报纸，接着就是思考和写作实业大纲，用英文记下有关问题和解决办法；还对参加的助手们作了分

孙中山视察张家口铁路
1912年9月6日，孙中山在视察华北时，于张家口车站与欢迎人员合影。

孙中山（汤小铭绘）

公元1915年

中国大事记

8月3日，袁世凯美国顾问古德诺发表《共和与君主论》，为复辟造势。

孙中山铁路计划图

1912年6月，孙中山在走遍了半个中国后回到上海，与黄兴商量，自己还草拟了一份修筑铁路计划，精心绘制了一幅铁路建设蓝图：南路（自南海至天山南）；中路（自扬子江达伊犁）；北路（自秦皇岛至内蒙古乌梁海）三条沟通全国的铁路干线。

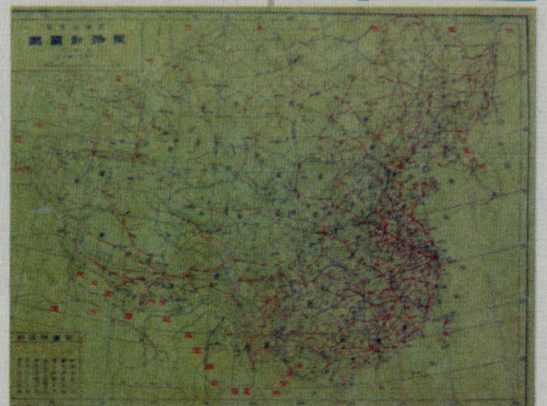

工：由宋庆龄负责全部打字，余日章和蒋梦麟寻找有关图书文字，核对资料数字。对有些事，孙中山仍习惯亲自动手，他还经常外出寻访和采购。

据卫士马湘回忆就有两次：一次他和宋庆龄赴棋盘街（福州路），选购了大批线装书；一次在北四川路购得大批外文书籍和制图仪器，其中也包括各种地图。

若干年后，宋庆龄曾回忆当年情景说："我的丈夫有许多书，他的室内四壁挂满了各种地图。每晚，他最喜爱的事，是铺开巨幅中国山水、运河图，弯腰勾出渠道、港口、铁路等等，而我给他管马克思、恩格斯，还有著名科学家和汉这科·埃利斯、危普顿·华克莱等写的书，那是我当学徒的日子。"

现今坐落在上海香山路的孙中山故居，仍保留着当年孙中山生前的布局，楼下的书房（约占全层面积五分之一）壁上挂着地图，四面都是栉比鳞次排列着顶到天花板的玻璃书橱。

据蒋梦麟《西潮》称，当时孙中山为设计实业计划，亲自绘制地图和表格，并收集资料，详加核对。有次，蒋带来一幅导淮委员会的淮河水利图，他马上把它展开在地板上，非常认真地阅读，随后还挂在书房墙壁上。

> 盛巽昌

历史文化百科

〔孙中山梦想的进藏铁路〕

孙中山在20世纪初所著的《建国大纲》里有两个梦想，而且画到了地图上，一个是修建三峡水库，一个就是打造进藏铁路。

他所设计的进藏铁路是从四川、青海（当时还未建省）进入西藏，然后往南从拉萨过雅鲁藏布江，过错那县，直抵喜马拉雅山南坡的达旺，就是六世达赖喇嘛仓央嘉措的故乡；往北跨越冈底斯山，伸入万里藏北，直抵阿里首府狮泉河。

中国铁路总公司之印

公元1915年

世界大事记：7月28日，美国占领海地岛。

连横 人物 | 勤奋博学 关键词 | 连横《台湾通史》连横《大陆诗草》 资料来源

〇二六

连横著史

积三十年春秋完成一史，以史证明台湾从来是中国的一部分。

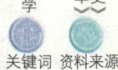

少年立下修史志

连横是我国台湾省的文化名人之一。1878年，他出生于台南一个富商家庭，早年极为好学。1891年，连横13岁的时候，父亲送给他的生日礼物是一部清乾隆年间续修的《台湾府志》，要他好好诵读，还说："汝为台湾人，不可不知台湾事。"连横是个善于思考的少年，读了《台湾府志》后，总感到此地方志里对台湾史事过于疏略，尤其写郑成功父子祖孙经营全岛二十余年的事迹，多有歪曲和回避之处，于是，在他幼小的心里就萌发起一个愿望：写出一部像样的台湾地方正史，作为教育、启导人们的乡土读本。

1895年，中日马关条约签订，台湾和澎湖群岛被割让。台湾省军民坚决反对，拥立原巡抚唐景崧建立"台湾民主国"，但很快就失败了，唐景崧、丘逢甲和刘永福只得先后从台湾回大陆。连横为此悲愤填膺，他多方设法抄录和搜集唐景崧等人以及方方面面的有关文告、书信等档案文字。这时，他已在酝酿编撰台湾地方史了。此后十年里，他先后几次来到祖国大陆，在上海圣约翰大学读书，还在厦门创办旨在反清、宣传革命的《日日新报》。1906年，连横在家乡出任《台南新报》汉文部主编。三年后，迁居台中，进入《台湾新闻》汉文部工作，开始着手撰写《台湾通史》。他凭借报社做事的合法身份，经常利用工作余暇赴台南图书馆查阅有关台湾的史籍和文字；后来在台中、台北工作时，更有机会接触到大量有关台湾的文字资料，尤其是帝国大学（台湾大学）和台湾图书馆的藏书，使他开阔了视野。

连横读了《三国志》、《隋书》以及记载南明郑成功时期的野史笔记，更清楚地认识到"婆娑之洋，美丽之岛"的台湾，自古就是中国不可分割的一部分；海峡两岸无论是语言、文化、风俗习惯以及人种，都是同出一源的。而在坊间风行的出自日本御用学者之手的《日清战史》，多处歪曲史实。这使他认识到，必须寻找第一

连横具史家睿识

连横在台北市开办以己字为名的"雅堂书局"，专卖汉文书，宣扬中华文化，以对抗日本殖民当局的奴役和同化。1931年，他还命毕业于日本庆应大学的儿子连震东（站立者）回国，并告以"欲求台湾之解放，须先建设祖国"。图为连横一家合影。

公元1915年

中国大事记: 8月14日，杨度、孙毓筠、严复、刘师培、李燮和、胡瑛等六人发起筹安会，宣言"组织此会，以筹一国之治安"。

连横手迹

手材料，更加雄辩地说明台湾是中国的一部分。

为修史呕心沥血

辛亥革命后，怀念祖国的连横来到大陆，遨游了南京、上海以及京汉线各地。时值袁世凯民国政府在北京开设"清史馆"编撰后来成书的《清史稿》。馆长赵尔巽久闻连横大名，见他到来，立即欣然请他进馆工作，连横也是求之不得。他曾为《清史稿》的编纂提出不少好的建议，如应增加《拓殖志》记载海外华侨拓殖各地情形，并自告奋勇主纂该志，虽然该志未能实行，但他终究读到了有清以来，特别是晚清台湾建省，自邵友濂、刘铭传主政以来的所有档案文献。

在北京期间，连横不停地为撰写《台湾通史》操劳，在得知北京大学朱希祖教授对明清历史档案颇有造诣时，就多次赶去请教。两人互相切磋，交换资料，从而更充实了连横的史识，为他撰写《台湾通史》创造了良好的条件。

史问世以彰先德

1918年，连横过40岁生日时，这部上下纵横一千三百年的《台湾通史》八十八篇终于脱稿了。翌年，他举家迁居台北。1920年作者以台湾通史社名义自己集资在台北首次印刷。他在自序中说，"夫史者民族之精神，而人群之龟鉴也"，针对台湾被惨痛割让，明确表示"国可灭而史不可灭"。龚自珍的"凡亡国者，必先亡其史"，强化了他的爱国心灵。

《台湾通史》在台湾省沦陷期间两次重版，虽然印数仅千部，但影响已传播到大陆。早在此书出版前，章太炎读到连横在北京凭吊文天祥就义处时写的诗"一代豪华客，千秋正气歌，艰难扶社稷，破碎痛山河"大受感动，说："此英雄有怀抱之士也，异日当为之作《台湾通史序》。"

1945年抗战胜利后，《台湾通史》在重庆开印，当时王云五为重印事，说："台湾为我国最早沦陷区，而《台湾通史》一书，油然故国之思，岂仅结构之佳已哉。敝馆亟欲将其重版，藉广流传，以彰先德。"

连横很有史家的睿识。1936年病逝前夕，已推测日本将不久对我全面侵略，为此嘱咐儿子连震东说："中日必有一战，日后生子取名为战。"2005年夏，连战来南京、北京、西安等地，也将此书重印本作为礼品赠予北京大学等。 ▷盛巽昌

台湾总督府

《台湾通史》初版推出后，日本殖民当局以总督资助名义购置三百部，散发给各机构，作为研究认识台湾的重要参考。

公元1915年

世界大事记：8月21日，意大利对土耳其宣战。

《上海永安公司的产生、发展和改造》

郭氏兄弟　革新见识　人物　关键词　资料来源

〇二七

郭氏兄弟创办永安公司

20世纪二三十年代，上海永安公司是中国规模最大、名气颇响的综合百货公司。百货充盈闹市，人群熙熙攘攘。

从澳大利亚起家到香港发展

永安公司最初由旅居澳大利亚的华侨资本家、广东香山（今中山）人郭乐、郭泉等兄弟创办。

1897年，郭氏兄弟于澳大利亚悉尼市开设专营水果批发业务的永安果栏，后改名悉尼永安公司。

郭乐为人朴实，讲信义。有一次他到银行提取500澳镑，不料银行错给了他一袋1000澳镑硬币，他退回了，说"多给勿取"。因为这次诚信，在悉尼他的名声不胫而走。当地人，特别是侨胞对他非常信任，把永安果栏当作银行，放进自己的积蓄。几家同行也信任他，与之合作，取得双赢。1903年，他们与郭

永安公司创办人郭琳爽（上图）
上海南京路永安公司（下图）

公元1915年

> **中国大事记**
> 9月15日，陈独秀主编《青年杂志》在上海创刊（自第二卷起改名《新青年》）。

上海永安公司、新新公司广告

乐合作在斐济开设公司。

郭乐事业做大了。他就和兄弟郭泉等人谈起开拓，一致认为，要学外国人开一个公司，可以包括很多家商店。他说："外国人经营技术很有讲究，而我国商业，则是小贩式经营，既无规模组织，更茫然于商战之形势。"1907年8月，郭乐派郭泉回国调查。郭泉就集永安果栏原班人马，带了16万港元，又联合当地一些华侨，来到香港合伙创办了以经销百货为主的永安公司。香港永安公司的营业，为香港百货业注入了新的竞争活力，从此，香港华人拥有的百货公司逐渐增多，规模也越来越大。

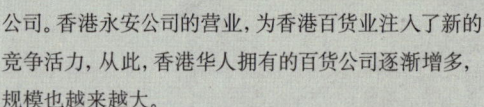

每过一个行人就丢一粒豆子

清末民初，上海日益繁华。香港永安公司成功经营后，郭氏兄弟又把目光投向上海，决定投资筹建上海永安公司。

1916年，郭乐派兄弟郭泉、郭葵带着两个伙计来到上海南京路，哥儿俩选择路边的五龙日升楼茶馆，一边品茶一边观察。两个伙计则背着口袋，分别站在马路两边，身边每走过一个行人，就往袋里放一粒豆子。几天后，倒出豆子来清点，得出了南京路南侧人流量大于北侧的结论，于是决定将永安大楼建在繁华的南京路南侧。

当时南京路两侧的不少地产已被犹太富商哈同所拥有，特别是1904年哈同出资用硬木砖铺设了马路地基后，该路两侧成为黄金地段，地价飙升了几倍乃至几十倍，郭氏兄弟选中的，正是哈同的地产。

经过中间人英国律师科士达斡旋，哈同同意将地皮租给郭氏兄弟，但提出了十分苛刻的条件，即除了每年租金5万两之外，租满30年后，不仅土地要归还，地面上的一切建筑都要随土地划归哈同所有。郭乐接到兄弟们的电报，权衡利弊后最终接受了对方条件。1916年4月，郭泉通过科士达与哈同签订了"租地造房"合同。

1918年9月5日，营业面积达6000多平方米的上海永安公司大楼正式开业。公司兼营旅馆、酒楼、茶室、舞厅、银业和游乐场，下设40个商业部，经销商品1万多种，其中

> **历史文化百科**
>
> **[上海南京路四大百货公司]**
>
> 中国大都市现代商业公司时代，曾以上海南京路上先施、永安、新新、大新四大公司为标志。此四大公司创办人都是广东香山（中山）人，都曾在澳大利亚从业，积累资本，再回国开办百货业。他们也首先在商业领域搞"彩票"、"礼券"、"摸奖"和"电台广告"，从而改造了很多中国人的消费观念、生活方式和价值法则。
>
> 1914年，当上海南京路铺上藜木地砖时，马应彪创办了先施公司，接着是郭氏兄弟在它对面建造了永安公司。1926年，由李敏周主持的新新公司在先施公司边开业，它是与原先施公司股东刘锡基合作的百货公司。新新的商业特色是以楼顶玻璃电台、明星录音招徕顾客的。
>
> 1929年，蔡昌建造了比三家公司要高、要大的大新百货公司，公司里有中国第一部自动扶梯，开用之日，因顾客都要尝鲜活，不得不以四角一张门票限制客流。

公元1915年

世界大事记

9月25日，东京大学山极胜三郎与市川厚一以人工方式培育出癌细胞，为世界首创。

票友郭琳爽

郭琳爽生平不嗜烟酒，唯爱好戏剧，生旦净末，古装现代，样样精通。他常对人说："人生等于戏剧，世界的一切，都是戏剧化而已。"

世界各国的高档商品占了83%。

建筑高度仅次于国际饭店

郭乐兄弟在上海营建永安公司，首先遇到的一个对手，就是广东同乡马应彪创办的先施百货公司。随后的几十年，永安、先施两家展开了激烈竞争。

当郭氏兄弟确定在上海建立公司时，就投资事作了调查。原先郭泉建议投资50万港元，而郭乐在得悉先施公司开业将投资60万港元时，最后拍板集资200万港元。他说，在上海要想打开格局，非有雄厚实力不可。

1916年永安大楼开工，对面的先施大厦正在建造中。先施原计划只建5层，听说永安要建6层，马上改设计为6层。永安得知对方改动，也在原来的楼顶上加盖了两层"绮云阁"，使高耸的塔尖远远超过先施大楼。先施不甘落后，很快又加盖了3层并无多大实际用途的"摩星楼"，在高度上又占了上风。

1933年，永安公司在老楼东侧扩建了19层92米高的永安新厦，成为当时南京路上高度仅次于国际饭店的第二建筑，其第七层的"七重天"游乐场在当年十里洋场名噪一时。永安公司以"七重天"与经营精品百货，开始雄睨南京路，压倒了路北对手先施公司。

"顾客永远是对的"

随着年岁的增长，郭乐认真地选择接班人。他选择了郭泉的长子郭琳爽。

郭琳爽大学毕业，郭乐就要他去海外考察，回来后，又要他到香港一家小百货公司当见习助理。这家小公司与郭家没有股份、资金往来关系，老板也只是他的一个普通朋友。

郭乐再三关照这位朋友：千万不能让郭琳爽坐桌子，见习助理就是学徒。郭乐对侄子

《永安月刊》上的周璇

《永安月刊》系郭琳爽为开拓公司业务，以文化提升公司的知名度，扩展以商业与文化组合而创办的一份综合性文化刊物，它以上海市民生活为文化背景，抒发社会百态和世情百态。《永安月刊》于1939年5月创刊，共推出118期。图为红遍上海的影星周璇。

097

公元1915年

中国大事记　10月25日，孙中山与宋庆龄在东京举行婚礼。

说：从我家门出来的子弟，万不可当甩手掌柜。现在多吃点苦值得。

郭琳爽在这家小公司样样都干，每道环节都经手。他一直做到经理的见习秘书。

见习期满，郭乐把他调到上海，做公司司理（总经理）助手。

几年后，他对公司的业务已经驾轻就熟，运用自如了。

在长期经营活动中，永安公司逐步形成一整套管理严密颇具特色的商业经营艺术。郭琳爽为公司提出宗旨：顾客第一。因而当顾客一进商场，便可看到霓虹灯制作的英文标语：Customers are always right——"顾客永远是对的"。

公司服务顾客的意识，体现于每一处细节。来商场买笔的顾客会发现，文具部有一个奇特柜台，它不是长排形或曲尺形，而是一个圆形，柜台中央有一根石柱，比柜台高出一截，原来这是为了让顾客试笔时少弯点腰。文具部长

上海南京路闹市旧貌
大新、新新、先施、永安这四大百货公司分布在繁华的南京路两侧。

广东中山永安公司

期推销一种叫"康克令"的美国名牌金笔，公司专门挑选一批容貌端庄秀丽、能说几句商业英语的年轻女子来当售货员，她们作推销时举止得体、落落大方，被称为"康克令小姐"。许多人尤其是男青年，为了争睹她们的风采而来商场，于是价格不菲的"康克令"金笔在"康克令小姐"推介下，很快成了上海青年的时尚。

由于经营得法，上海永安公司在短短十多年里利润节节增长，积累的资金已经数倍于当初的投资。20世纪30年代，公司一跃成为上海四大公司（先施、永安、新新、大新）之首，在中国甚至世界享有良好声誉。

> 廖大伟、盛巽昌

098

公元1915年

世界大事记：10月14日，保加利亚对协约国宣战。

○二八

清官张澜

张澜早年在四川省长一任上，清正廉明，深得民众爱戴，被誉为"川北圣人"。

人物：张澜
关键词：清廉　民本
资料来源：《民主的求索者——张澜》方然；《四川文史资料》

护国战争后，蔡锷出任四川督军兼省长，以张澜治政安民有术，举荐为嘉陵道道尹。他把张澜比作春秋时的管仲，说治理四川非张澜不可，他说："蜀将有魏延、杨仪，二将不睦，但有管夷吾在，吾无忧矣。"张澜在川北颇有政绩，众口称赞，被誉为"川北圣人"。

出任四川省长

1917年11月，张澜治理川北声誉极好，在随同蔡锷来四川的戴戡死后，他被推举为省长，北洋政府也认可了。当时，孙中山受西南军阀拥戴，在广州组织中华民国军政府，以倡导护法，对抗北洋政府拒绝恢复《临时约法》。这时，滇军唐继尧、黔军熊克武就以护法为大旗，引军北上讨伐北洋政府任命的四川地方政府。

张澜再三表示，自己是拥护《临时约法》的，希望早日结束战争，但唐继尧、熊克武醉翁之意不在酒，他们是在争地盘，扩大势力圈，因此他们继续进军，攻打成都。翌年2月，张澜只得随着守成都的川军刘存厚部撤出成都退到绵阳，3月他将省长大印交与潘大道护理，自己离开绵阳，取道北向赴北京述职。

家属避免于难

熊克武占据成都后，贴出布告称张澜祸民，是个贪官，还派石青阳部查抄张澜在南溪的家产。不料，堂堂一个省长家，既没什么浮产，更没金银财宝。石青阳不信，就派人往张澜乡间旧居处暗访。

时值春耕农忙季节，田间人群熙熙攘攘，密探到了乡间，见张澜旧居里并无人影。走到郊野才见年近五十的张澜妻子，一副农妇打扮，正率领家人在田间劳作。密探回到成都向熊克武如实回报后，说："张澜川北圣人之美誉，真个是名副其实的啊！"

熊克武也相信了。他说张澜是贪官，看来是弄错了。

就在此时，熊克武收到了张澜的信。

原来张澜读到熊克武书信、布告，指责他是川中贪官，他是感慨莫似，不知所云。他觉得很有必要，澄清事实，以恢复声誉。就于是写了一封专函给熊克武。

信里对于凡提及不明白之账目，一一罗列事实，加以

张澜和妻子（上图）
张澜（1872—1955），字表方，四川南充人。1911年四川保路运动主要领导人之一。1920年任四川省省长。后任成都师范校长、成都大学校长。1944年民盟首任主席。1949年9月任中华人民共和国中央人民政府副主席。图为中年时与妻子合影。

张澜与蒲殿俊
蒲殿俊（中）系四川保路同志会会长。武昌起义后，自任大汉四川军政府都督。后至北京创办《晨报》。

099

公元1916年

中国大事记：12月26日，因袁世凯称帝，本日蔡锷、李烈钧、唐继尧分任第一、二、三军总司令，组织护国军，声讨袁世凯。

澄清。在信的结尾，张澜写道："事关国家财政，人民膏血，断不受无端之污毁也。鄙人平生日无一长，惟不贪财一节，差堪自信。"

熊克武终于弄清楚，张澜做官的确清廉，他也再没去找张澜家人和亲属的麻烦。

土匪也敬清官

张澜带了两个随从，离开绵阳，北上翻越秦岭山脉前往北京述职。这天当他们三人扬鞭策马，驰行在深山密林间时，突然看到前面山路拐弯处，一彪人马挡在路心，两个随从慌忙拉缰劝张澜回首。张澜看了看拦路队伍，沉着吩咐道："别管他，继续走。"

三人走到队伍跟前，只见这支荷枪的人马中，走出一个彪形壮汉高声喊道："立正，敬礼！"全体人马顿时肃然直立，壮汉面向张澜，躬身拱手抱拳敬礼道："向张省长致敬。"张澜对面前这些不速之客，疑惑不解，但仍是还礼："请问壮士大名？在此何事？"那壮汉答道："小人王三春，久仰大人清廉，现在旅途艰险，我等前来护送大人出

张澜四兄弟

张澜赴日留学留影（后排右一）

川；并送上四百块大洋，以备远途打点。"

张澜对王三春早有所闻，他是川陕边境的土匪头子，现听他所说，很是感动，但仍谢绝道："你们的心意我领了。但此钱万万不能接受。我知道绿林中人多因生活逼迫才走上这条道路的。我虽为官几年，却无积蓄，身边也仅些微盘缠，无须护送；至于赠银，张澜从未接受过非分之礼，非分之物，实在不能接受，请壮士谅鉴。"

王三春再三表示心意，张澜见他们恳切，只得同意他们护送一程，但银元无论如何难以接受。

王三春为尊重张澜，也不勉强。他们前呼后拥将张澜一行送出山道险峻而又盗贼遍生的川陕道。在途中，张澜劝告他们不要伤害无辜民众，及早回头，另谋生路。王三春等人深受感动，在告别时，再三表示决不会辜负张澜的期望。 ▷**盛巽昌**

▷ 历史文化百科 ◁

〔四川袍哥〕

哥老会在四川的组织通称为袍哥。哥老会原系反清民间组织洪门的一支。四川袍哥曾为辛亥革命作出贡献，但在民国以后，很多就为军阀利用，成为军阀扩张地盘和内战的工具。四川地方军阀刘湘、杨森、刘存厚、田颂尧、邓锡侯、潘文华和熊克武等部，都收编和利用袍哥队伍。

民国初年，同盟会员熊克武为川军第五师师长。当初为反清需要，他就参加了袍哥，所部亦多有袍哥成员；以后加入护国军，在川南、川东改编了大批袍哥，组成招讨军。据称当时四川军阀各部合计有三四十万，其中袍哥队伍就占五分之一。

四川袍哥也很注重江湖义气，但好歹不分，而多与当局勾结，甚至借助外轮做鸦片、吗啡和军火走私的勾当。

公元1916年

世界大事记：12月12日，德国飞机设计师容克斯设计的世界第一架全金属飞机试飞成功。

人物：杨三姐
关键词：成兆才 评剧 杨三姐告状
资料来源：《成兆才评剧剧本选集》《评剧大观·杨三姐告状》尊严 执著

〇二九

杨三姐告状

1918年，我国北方发生了一起命案，死者妹妹杨三姐坚决要求复查。在此过程中，评剧作家成兆才把这真人真事搬上舞台，促使案件引起轰动，最后终于真相大白，凶犯伏法。

见姐尸心中生疑

河北滦县甸子村有户姓杨的人家，三女一男，儿子随父在乐亭当工，大姐二姐已经出嫁，只有小女儿杨三姐和母亲在家。

1918年4月23日夜里，突然接到邻近绳各庄亲家报信，说嫁给高家的杨二姐昨夜得急病死了。

杨家母女闻此噩耗，连夜赶往高家吊丧。

杨三姐虽说才16岁，却是个胆大心细的姑娘。她对二姐的死心里满是疑惑，她想前几天她给二姐送新制蓝布裙子时，见二姐身子健壮得很，哪能说死就死呢？当她抚尸痛哭时，无意间发现二姐右手中指缠着一块蓝布，那蓝布就是从新裙子上撕下来的。她想，好好的新衫为啥撕了包扎手指的小伤？何况二姐向来十分爱惜衣衫，这太不合情理了。于是就问姐夫高占英，二姐的手指怎么受伤的。

高占英说，是切菜时不小心弄伤的。

杨三姐更加生疑，质问道：切菜都是右手拿刀，左手压菜，怎么能切到右手上去呢？

高占英无话可答。

杨三姐拉开蒙脸布，发现二姐嘴角边留有血迹，下身也不干净。她想再细细查看，却被高家拦阻。

当天，杨二姐尸身被草草入殓掩埋了。

杨三姐怀疑有理。原来高占英与亲嫂嫂金玉勾搭成奸，嫌妻碍眼，就杀害了她。

为申冤，开棺验尸

杨三姐要为姐申冤，决意打官司。

她找了律师周永清，周永清帮她写了状纸。

滦县帮审牛楚贤受理了此案，他表示要严查。高占英吓得赶紧偷偷向牛楚贤塞了个大红包，又买通了地保等人出示伪证。经过三次开庭，当面对质，得了高家红包的牛楚贤不但没严查案情，反而指责杨三姐是"无端猜疑，不足为据"。

杨三姐败诉。周律师对她说："你的官司在滦县是打不下去了，只有上天津。"

周律师替她请出了著名的徐大律师。徐大律师听了三姐的哭诉非常同情，也敬佩小姑娘的坚毅勇敢，于是帮助她写了一份诉状，提出开棺验尸的要求。

因为徐大律师面子，天津高等检察厅受理了此案。新任厅长杨以德也很重视，亲自前往滦县调查案情，并决定在8月8日开棺验尸。

这天，高家坟地周围人山人海，杨以德赶来坐镇。

而验尸竟进行了两次。第一次，验尸官因拿了高家红包，说是无伤亡迹象，潦草结束。杨三姐急了，跪在验尸官前痛哭不已，几千名围观的民众也发出愤愤不平的呼声，

评剧《杨三姐》剧照（上图）
20世纪60年代初《杨三姐告状》在北京评剧院演出，新凤霞饰杨三姐，赵丽蓉（坐地者）饰杨母。

101

公元1916年

中国大事记：3月23日，袁世凯令所有洪宪年号立即废止，仍以本年为中华民国五年。

20世纪初北方农村赶驴磨粉

要求重验。在众目睽睽之下，杨以德勒令验尸官不得马虎。

验尸官只得再次细验，经仔细检查，果然发现死者左腹有一条二寸长刀口，下腹有多处刀伤，裤里塞满止血用的石灰，还从腹中取出一把小钢刀。杨二姐被杀害而死，铁证如山。

可是虽有如此铁证，由于高家有钱有关系网，到处通关节，致使此案一再拖延，迟迟未能判决。

成兆才仗义鸣不平

杨三姐一介小民只有苦苦等候案子早日宣判，让凶犯恶有恶报。她担心如果拖延日久，很可能大事化小，小事化了。

转眼间到了1919年。

这个案子在民间传来传去竟传到当时正在哈尔滨的评剧家成兆才耳里。成兆才对杨三姐告状十分敬佩，对杀人害命的凶手更是满腹愤恨。他随即从哈尔滨专程赶到滦县乡间调查后，更是义愤填膺，很快就写出剧本《枪毙高占英》（后改为《杨三姐告状》），由他主持的警世剧社排演，金开芳饰杨三姐，他自演纵子行凶的高父。

这是我国第一部评剧现代戏。它是在案件尚未为官方具结的情况下，为表达民意而上演的。

哈尔滨首演就引起轰动，接着剧社又南下唱红了天津、北京、唐山和滦县。剧中人除官方人员用化名，其余都是真名实姓，并以"枪毙高占英"结幕，更是牵动观众，大快人心。

戏的演出，让高占英惶惶不可终日。高家在惊慌恐惧之余，向成兆才送上一千块大洋，请求停演。成兆才断然严拒。高家又买通警察局，砸了戏园子，还打伤成兆才，但成兆才坚贞不屈，而且还不断修正剧本，使演出更逼真，更为观众叫好。

民众纷纷要求为杨三姐告状有个说法：必须枪毙高占英。

在社会舆论强烈的压力下，10月5日，天津高等法庭开庭终审，将高占英判处死刑，金玉、高父亦处以徒刑。

杨三姐知道了，和家人赶去刑场，高占英已被枪决。 ▷盛巽昌

北方说唱艺术

▷历史文化百科

〔评剧〕

评剧是民国以来一个较大的地方剧种。它自清末开始流行于冀东后逐渐传布至河北和京津地区。它是一种简易的说唱歌舞，当地民众称它为"莲花落"，也称"蹦蹦戏"、"落子"。20世纪初，"莲花落"吸取了河北梆子、京剧和滦州皮影戏的音乐和表演方式，逐渐由对口说唱发展为由演员扮演角色的小戏。因盛行于河北唐山等地，时人又称它为"唐山落子"。"唐山落子"又传到东北，受到东北文化、风俗影响，逐渐形成了粗犷豪放、激越昂扬的"奉天落子"。

20世纪30年代初，评剧更趋成熟，涌现出自己的优秀演员和剧目，形成了刘翠霞、爱莲君、白玉霜、李金顺为代表的"四大流派"。

公元1916年

世界大事记：3月15日，美国将军潘兴率军入侵墨西哥。

人物：鲁迅
关键词：讽刺 爱国
资料来源：彭定安《鲁迅评传》、鲁庄瑞安《鲁迅评传》、鲁迅《呐喊》

《狂人日记》

礼教吃人，封建文化也吃人，鲁迅提出要"救救孩子"。

要打破铁屋子的沉闷

1917年夏天的一个夜晚，周树人心情沉闷地坐在北京绍兴会馆补树书屋的窗下，仔细翻阅最近出版的《新青年》。《新青年》的作者群，用笔杆子作枪炮，力图击毁那座如同铁屋子的封建堡垒，读起来真令人振奋。

他也想拿起笔杆，呐喊，助威。

正在这时候，《新青年》编辑钱玄同又来了。他长衫衣襟上别着一支自来水笔，腰间挎个大皮包，风尘仆仆地对面而坐。钱玄同是周树人在日本东京时候的朋友，他们曾一起聆听章太炎讲学。他已来过多次，这次来的目的，仍是劝导周树人别再抄古碑古帖，希望他为《新青年》撰稿。

钱玄同翻着那些古碑抄本，问道："你抄这些有什么用？"

"没有什么用。"

"那么，你抄它是什么意思呢！"

"没有什么意思。"

"我想，你可以做点文章……"

周树人对于这位要他重新提笔的朋友，说了一番恳切的话，他说："假如一间铁屋子，是绝无窗户而万难破毁的，里面有许多熟睡的人们，不久都要闷死了，然而是从昏睡入死灭，并不感到就死的悲哀。现在你大嚷起来，惊起了较为清醒的几个人，使这不幸的少数者来受无可挽救的临终的苦楚，你倒以为对得起他们么？"

周树人把这个陈旧和腐朽的国度，比作是密不通风的铁屋子。

钱玄同说："既然这样，那把铁屋子打碎就好了。"

周树人觉得钱的话很对，于是答应给《新青年》写文章，并应邀加入《新青年》的编辑部，成为这个团队的一个成员。

"鲁迅"笔名从此问世

1918年4月2日，周树人写完了短篇小说《狂人日记》，发表在这年5月15日《新青年》的第4卷第5号上。

它控诉"礼教吃人"！

它呼吁"救救孩子"！

《狂人日记》发表时，他用了笔名：鲁迅。

鲁迅，这个笔名是他首次使用。它蕴含鲁钝而又迅行的理念，系由原来的一个叫"迅行"的笔名衍化而来，因为《新青年》编者不主张采用当时时髦的别号来署名，而要另加个姓。

冠以"鲁"字，那是因为母亲姓鲁，古史上周鲁本是同姓之国。

从此，周树人以"鲁迅"为名，轰动了中国文坛，世界文坛。

《狂人日记》讲述了一个患有"迫

鲁迅在上海

鲁迅（1881—1936），原名周樟寿，后改名周树人，浙江绍兴人。先后在北京大学、北京师范大学、厦门大学、中山大学等校任教。1927年赴上海，从事写作，有《鲁迅全集》。

公元1916年

| 中国大事记 | 5月9日，孙中山在上海发表《第二次讨袁宣言》，力主尊重约法。 |

鲁迅致钱玄同信

《狂人日记》发表后，社会颇为震动。作者信中就若干妄言和猜想，指出本文宗旨乃是把尊孔复古视为"吃人"。

么不早起来。带他去医院看病，车子上望见背枪站岗的巡警，就突然吓得面无人色。这便是典型的精神病。

当然，这个故事只是给了鲁迅一个创造人物形象的契机和生活基础。

既然上阵，就一发而不可收了

鲁迅《狂人日记》发表后，一石激起千重浪。提出只手打倒孔家店的吴虞，读了后就写了《吃人的礼教》，称："我觉得他这日记把吃人的内容和仁义道德的表面，看得清清楚楚。那些戴着礼教假面具吃人的滑头伎俩，都被他把黑幕揭破了。"远在上海商务印书馆做编辑的沈德鸿（茅盾）说它是篇"前无古人的文艺作品"。

从此，带动新文化的短篇小说如雨后春笋。

接着，鲁迅又写了《孔乙己》和《药》两篇小说和一系列的《随感录》。正如他后来自己所说：既然上阵，就一发而不可收了。　＞盛巽昌

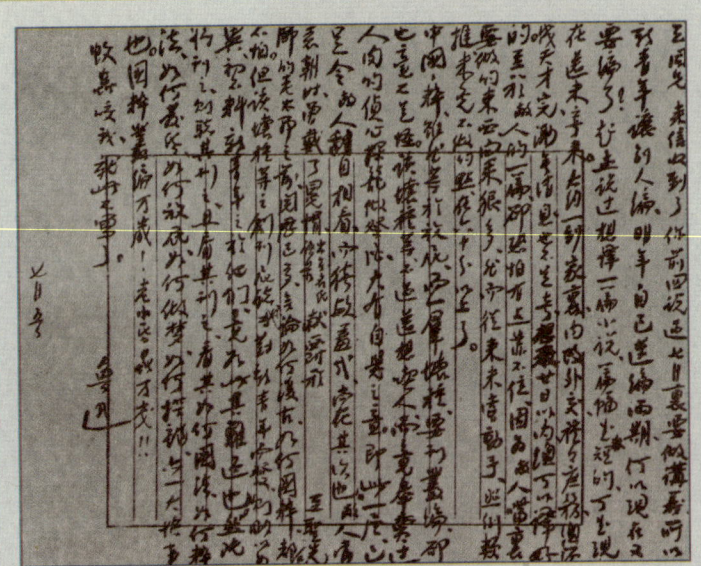

害狂"的"狂人"遭遇，主人公从被迫害的遭遇中逐渐觉醒，成为一个不妥协的反封建斗士。这个"狂人"形象的原型，并不是他在文中开场写的"余昔中学校时的良友"，而是作者大姨的儿子阮元孙。阮元孙在山西繁峙县当幕友时，总觉得周围的人要谋害他，就逃到了北京。到了北京，还是疑神疑鬼，听见声音，看见陌生人，都说是跟踪的，布置好要杀害他的。他住在鲁迅住的会馆里，清早就来敲鲁迅的窗户，说，今天要去染头了，怎

五四时期报纸四大副刊

名称	地点	创办和终止时间	编者	附注
晨报副刊	北京	1921.10.12－1928.6	孙伏园、刘勉己、丘景尼、江绍原、瞿菊衣、徐志摩	原为第七版，1919年2月改革，以宣传新文化为主旨，后出单张《晨报副镌》。发表鲁迅《阿Q正传》，1925年为新月派主持。随《晨报》停刊
京报副刊	北京	1924.12.5－1926.4.24	孙伏园	发表鲁迅杂文多篇
时事新报·学灯	上海	1918.3.4－1947.2.24	张东荪、宗白华、郑振铎、潘光旦等	五四后逐渐抑制进步思想
民国日报·觉悟	上海	1919.6.16－1931.12	邵力子	五四后逐渐抑制进步思想

公元1916年

世界大事记：5月，爱因斯坦提出"广义相对论"。

人物：梁启超
关键词：爱国 启蒙
资料来源：《欧游心影录节录》李喜所《梁启超传》

梁启超远游欧洲

1918年梁启超退出政坛，开始了最后十年的文化教育生涯。他醉心欧风美雨，就此对欧洲作了长达一年之久的实地考察。

考察战后欧洲

1918年12月28日，梁启超从上海启程远游欧洲。

他带了相当精干的随员，不仅都是他的学生，而且各有专长，足可让他指挥自如，他们是政治张君劢、经济徐新久、军事蒋百里、工业丁文江、外交刘崇杰和杨鼎甫，加上他本人，共七人，因为其中多人精通英、法语，也就省去了翻译。人虽不多，可是与中国参加巴黎和会代表团相比，名声却远在代表团之上。

梁启超选择此时远游，一非保皇，二非捐款，三非联络华侨。当时第一次世界大战已经结束，所谓巴黎和会也即将拉开帷幕。他此次乘机赴欧，一是为开拓眼界，另外也想以个人声誉，对中国代表团有所呼应，起点援手作用。

参观巴黎，浮想联翩

梁启超一行第一个落脚点是伦敦，在那儿逗留了一周，参观了泰晤士河畔古老的威斯敏斯特大教堂，凭吊了埋葬在那里的瓦特、达尔文和格兰斯顿等一代名流。然后赶往巴黎。

在巴黎，梁启超一行又对古今欧洲战场作了一个多月的凭吊和考察。此时的巴黎城镇，多是残垣断壁，破败寥落，梁启超不禁触景生情，浮想联翩，想起杜甫"国破山河在，城春草木深"诗句，十分伤感。他们参观了兰士的大教堂，大教堂已有一半倒塌，教堂前的广场，原有女英雄贞德手持军旗，立马昂首，英姿飒爽的铜像，现已遭到破坏，只能从照片上想象劫余尘影了。

他们还参观了凡尔登，这儿是第一次世界大战的一个主战场，现在是遍地焦枯，到处坑洼洼。大教堂正殿残破不堪，地面几丈深以内，都是残硝铁屑，除非将这层地皮剥去，另植新土，才可耕植庄稼。梁启超对此感叹万分，想当年欧洲辉煌文明曾令他艳羡不已，而今看到的却是文明人的野蛮。他说："自然界的暴力，远不及人类；野蛮人的暴力，又远不及文明人哩！"

梁启超生日留影（左图）
1919年2月26日（正月廿九日）为梁启超46岁生日，此照摄于旅欧途中。此次欧游，为国人传播欧洲文化颇多。梁死后，蔡元培挽联称："保障共和，应与松坡同不朽；宣传欧化，宁辞五就比阿衡。"

梁启超与儿女思顺、思成、思永合影于东京（下图）

105

公元1916年

中国大事记

6月6日，袁世凯病死，黎元洪在北京就任大总统。

《饮冰室合集》

梁启超著述洋洋千万言，自编《饮冰室合集》，于后世颇有影响。时人王文濡称："《饮冰》一集，万本万遍，传诵国人，雅俗共赏。得其余沥以弋鸿名而张骚坛者，比比皆是也。"

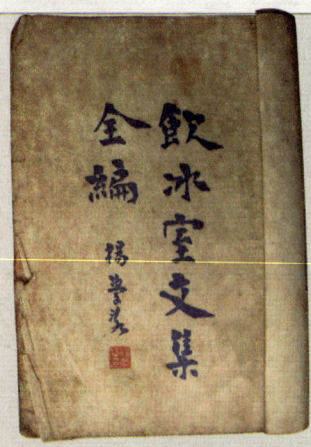

对巴黎和会大失所望

梁启超欧游，足迹还遍及中欧比利时、荷兰、瑞士、意大利和德国，游毕又返回巴黎。他在巴黎居留最长。这里是世界文明大师巴尔扎克、雨果等的故乡，是生养卢梭、孟德斯鸠、伏尔泰等启蒙思想家群体的地方。这个文化巨人辈出的国度，真令他流连忘返。

然而这时他更关注的还有巴黎和会。

当第一次世界大战爆发时，梁启超支持国务总理段祺瑞对德国宣战。胜利后，日本却想继续德国在中国山东的既得利益时，他表示反对，希望收回山东。在到达巴黎时，和会已开了一个月，为此他还找了美国总统威尔逊和英、法等国出席和会的代表，请求支持。威尔逊等人貌似公允，表面认同，其实是口是心非。

梁启超还以为他们是表里一致，心里很是兴奋。他想，这回日本要霸占山东是落空了。

可是他万万没有料到，段祺瑞曾与日本有个卖国密约，允许日本在山东筑路、在青岛和济南驻军；日本借给段政府2000万元。实际上段祺瑞早已承认日本继承德国在山东的权益并且有所扩大。日本有密约在手，有恃无恐，其他列强也站在日本一边。中国代表也束手无策。

梁启超失望了。他痛定思痛，立即致电国民外交协会，建议发起国人不签字运动，抵制卖国条约。

5月2日，林长民在《晨报》上写了一篇《山东亡矣》的报道，呼吁"愿合四万万民众誓死图之"。

紧接着，在北京首先掀起了五四运动。

> 盛巽昌

天津法国公园

〔历史文化百科〕

〔梁启超告别官场〕

梁启超自参与维新变法失败后，流亡日本。民国伊始，他担任袁世凯的司法总长。段祺瑞执政府时期，他担任财政部长。任职期间，以推进他的宪政救国为理念。段祺瑞奉行武力统一的政策，军费开支浩繁，讨伐张勋一役，用兵仅二万人，战事只有五天，军费开支却达185万元之巨，至1918年6月，因垫付军费临时支出，财政总赤字超过6000余万。而段祺瑞不顾经济全面崩溃的危险，命财政部将四国银行团垫款1000万日元合银元600万元，供陆军部支用。梁启超作为财政部长，穷于应付，由此对于政治日益失望，终于退出政坛，潜心文化教育事业。

公元1916年

世界大事记：5月31日至6月1日，英德在丹麦日德兰半岛海面海战。战斗持续12个小时。英国伤亡六千余人，为德国一倍，但仍保有制海权。

曹汝霖 陆宗舆 章宗祥　叶永烈《红色的起点》
奸佞　人物 关键词 资料来源

〇三二

火烧赵家楼

设午宴款待卖国贼

卖国贼卖国，终于导致在1919年5月4日爆发声势浩大的学生爱国运动……

1919年5月4日，总统徐世昌正在北京的总统府里忙于设午宴。

徐大总统设午宴，为的是替章宗祥洗尘。章宗祥早年毕业于日本东京帝国大学法学科，说一口纯正的日语。后来投奔到袁世凯门下，当过袁世凯总统府秘书，大理院院长。从1916年6月起，改任驻日公使，参与同日本的秘密谈判。三天前从日本返回北京，向徐大总统密报与日谈判内幕。徐大总统非常满意，故为之洗尘。

午宴只请了了解对日谈判核心机密的三位要员作陪，他们是：钱能训、陆宗舆、曹汝霖。

钱能训是国务院总理，当然参与机要。

陆宗舆是币制局局长，因他是前任驻日公使，多次与日本外相密谈，所以也成为陪客之一。此人早年毕业于日本早稻田大学政经科，与日本政界有着瓜葛，自1913年12月起任驻日全权公使。是章宗祥的前任。

曹汝霖为交通总长，他也与日本有着密切关系。他曾就学于日本早稻田大学、东京法政大学，熟悉日本事务。此后，他当过袁世凯政府的外交次长，参与对日秘密谈判。

一个大总统，一个国务院总理，加三个"日本通"，

"渔翁"总统徐世昌（右图）
1918年，冯国璋、段祺瑞相争不下，同时去职。徐世昌以高票当选大总统，在选举时有一议员投了"渔翁"一票，暗讽徐得渔翁之利。时人还以徐就任总统前夕隐居辉县韬晦旧事，撰一联揶揄："芒鞋布袜从此脱，三海原来水竹村。"

新潮社成员（下图）
北京大学学生傅斯年、罗家伦等发起组织的学生社团，是五四这天游行示威的核心。

107

公元1916年

> **中国大事记**
> 7月6日，北京政府更换各省军民长官称谓，督理军务长官改称督军，民政长官改称省长。

上海出版的揭露曹汝霖、章宗祥罪状的宣传品

如此五人聚首，原因不言自明。

席间，杯觥交错，眉飞色舞。尤其当章宗祥悄声讲起对日密谈的新进展时，举座皆喜。

学生游行，总统脸变色

就在他们兴高采烈之时，承宣官匆匆进来，在总统耳边一番悄然细语，让总统脸色陡变。承宣官走后，徐世昌只得直说："刚才吴总监（即警察总监吴炳湘）来电话报告，说是天安门外有千余学生，手执白旗，高呼口号，攻击曹总长、陆局长、章公使。请三位在席后暂留公府，不要出府回家，因为学生即将游行。"

曹汝霖、陆宗舆、章宗祥一听顿时面面相觑。前几天，他们已风闻，学生指责他们是三大卖国贼：那丧权辱国的"二十一条"，是曹汝霖、陆宗舆1915年在北京跟日本驻华公使日置益秘密谈判而成的。当时谈判进行了一半，日本公使突然坠马受伤，无法外出，曹和陆竟赶到北京那"国中之国"——东交民巷使馆区，在日置益的床前谈定"二十一条"！

至于章宗祥，则在日本与日本外相后藤进行密谈。当日本要求继承德国在山东权益时，章宗祥竟表示"欣然同意"！

5月1日，上海英文版《大陆报》首先披露爆炸性消息：身为战胜国的中国，在巴黎和平会议上，曾要求取消"二十一条"，归还在大战期间被日本夺去的德国在山东的种种权利，却被由美国总统、英国首相、法国总理、意大利总理组成的"四人会议"所否决。

欢迎被捕学生归来

5月7日上午10点钟，"火烧赵家楼"被捕学生许德珩、杨振声等二十人由警察送回学校。北京各大学亦先后复课。图为学生回校时，蔡元培率领全体教职员和学生列队在门口迎接时的合照。

> **历史文化百科**
> 〔罗家伦起草《北京学界全体宣言》〕
> 1919年5月4日上午，北京八校学生准备本日集会和游行，推北京大学起草宣言。北京大学学生又推罗家伦执笔。罗因时间局促，不容推辞，当即一挥而就，印发了数万份，分发路人。宣言全文如下：
> 现在日本在万国和会要求并吞青岛，管理山东一切权利，就要成功了！他们的外交大胜利了，我们的外交大失败了！山东大势一去，就是破坏中国的领土！中国的领土破坏，中国就亡了！所以我们学界今天排队到各公使馆去要求各国出来维持公理，务望全国工商各界，一律起来设法开国民大会，外争主权，内除国贼，中国存亡，就在此一举了！今与全国同胞立两个信条：一、中国的土地可以征服而不可以断送！二、中国的人民可以杀戮而不可以低头！国亡了！同胞起来呀！
> 同年5月26日罗家伦著文还首创"五四运动"这个名词。他在文中说："五四运动的确有一种大成功。"

公元1916年

> **世界大事记** 9月15日，英军率先使用坦克于索姆河战役，大败德军。

消息传出，北京的大学生们群情振奋。于是，5月4日中午，三千多北京的大学生集合在天安门前，发出愤怒的呼号："取消二十一条！""保我主权！""严惩卖国贼曹汝霖、陆宗舆、章宗祥！"

"迅速解散，不许学生集会，不许学生游行！"总统徐世昌一边大嚷，一边要国务院总理钱能训立即打电话给警察总监吴炳湘。总统、总理都忙着去下命令，午宴半途而散。

激众怒火烧赵家楼

曹汝霖和章宗祥躲在总统府里如坐针毡，他们觉得还是回家好。于是，两人同乘一辆轿车，经过狭窄的赵家楼胡同，来到曹宅。曹汝霖邀章宗祥进屋小憩。可是没多久，就传来了叫喊嘈杂之声，接着有人入内报告说，学生游行队伍正朝这儿进发！

曹汝霖略加思索后说："不要吃眼前亏，还是躲避一下为好。"于是，他叫来仆人，把章宗祥带进地下锅炉房躲藏来。那锅炉房又小又黑，堂堂公使大人此时也

上海全城罢市

6月4日，上海罢市。据罗家伦称是他打电报到上海的。上海学生上街宣传，并向各店铺要求罢市，有的不肯，便向商店老板面跪下去。顾不得这些，只得龟缩于内。曹汝霖则钻进一个小小的箱子间。后来，曹汝霖在《一生之回忆》一书中回忆道：

"我在里面，听了砰然一大声，知道大门已撞倒了，学生蜂拥而入，只听得找曹某打他，他到哪里去了。后又听得砰砰嘣嘣玻璃碎声，知道门窗玻璃都打碎了。继又听得瓷器掷地声，知道客厅书房陈饰的花瓶等物件都掷地而破了。

"后又打到两女卧室，两女不在室中……走出了女儿卧房，转到我妇卧房。我妇正锁了房门，独在房中，学生即将铁杆撞开房门，问我在哪里。妇答，他到总统府去吃饭，不知回来没有？……我在小室，听得逼真。

"仲和（引者注：即章宗祥）在锅炉房，听到上面放火，即跑出来，向后门奔走，被学生包围攒打。他们见仲和穿了晨礼服，认为是我，西装撕破。有一学生，将铁杆向他后脑打了一下，仲和即倒地。

"吴总监随即赶到，一声'拿人'令下，首要学生听说，早已逃得无影无踪了，只抓了跑不及的学生二十余人（引者注：实为三十二人），送往警察厅。"

这便是震动全国的"火烧赵家楼"。

第二天，为了声援被捕学生，北京各大学实行总罢课。一呼百应，北京各界、全国各地奋起响应。万马齐喑的中国，终于响起呐喊之声——这是苏俄十月革命的炮声在中国的回响。 >叶永烈

公元1916年

中国大事记：8月15日，梁启超、汤化龙、蒲殿俊等主办《晨钟报》在北京创刊，1918年9月改名《晨报》，1928年6月停刊。

○三三

靖国军总司令于右任

单身而来，空手而去；布袍共难，书生本色。

打起靖国军旗号

1917年9月，孙中山为维护被袁世凯废除的《中华民国临时约法》，在广州建立了护法军政府。它受到全国各路反北洋军阀人马的响应。陕西关中十四县的地方武装集团，还打起了靖国军的旗号，和北洋军陕西都督陈树藩对抗。它是西北支持孙中山军政府的唯一一支大部队。

驻扎于右任家乡三原的是张义安部队。

张义安是个血性汉子，可惜在进攻户县的一次与陈树藩军战斗中身负重伤，他躺在床上自知不起，眼见各路靖国军群龙无首，很为他们前途担忧，趁同僚们前来探望时，他说："快请于右任先生回来，主持靖国军吧！"说了不久，就死了。

靖国军各首领出身复杂，有地方豪绅、老兵油子，也有身佩三尺关山刀、四处飘荡的刀客，但他们都敬仰于右任。

单身千里进关中

1918年3月，于右任应邀，布袍共难，风尘仆仆地单身从上海出发了。

他出发前致电陕西，痛斥陈树藩为虎作伥，然后就踏上了西归之路。要知道于右任本是一介书生，从未弄过刀枪，更谈不上带过一兵一卒了。途经潼关，回望黄河，他想到自己此番归来，必能大展平生抱负，当即吟诗一首：

慷慨同仇有古风，开关几次出关东。
河声岳色天惊句，写出秦人血战功。

世乱争雄为要害，时平设险亦严疆。
桃花红雨梨花雪，飞去飞来傍战场。

他回到了家乡三原，受到了靖国军胡景翼、曹世英、井勿幕、邓金珊和杨虎城等人的热烈欢迎。

于右任被推举为靖国军总司令。

他也当仁不让，当即登台接印，还发表了一通慷慨演说，最后领导将士高呼：拿起枪杆，打倒军阀。

书生典兵的于右任（上图）
于右任早年离家。1906年在日本加入同盟会。回国后在上海办报，宣扬革命。他创办的《民呼报》，因遭庆亲王父子痛嫉，威胁要剜去他双目。他就改报名为《民吁报》，戏称：吾已被剜去双目矣。

于右任与井勿幕（下图）
1918年，于右任（左）与井勿幕在三原靖国国军司令部。

公元1916年

公元 1916 年

世界大事记：11月24日，英国H. S. 马克沁逝世。他先后发明烫发熨斗、机车车头灯和自动马克沁机关枪。

人物：于右任
关键词：正义 爱国
资料来源：《关西儒魂于右任别传》屈新儒

各支靖国军经过整编，分为六个支队，共三万余人马，驻扎在关中十四个县。而陈树藩的北洋军孤守西安，犹如湖中一叶浮舟。要知此时于右任的喜悦心情，有他1945年写的曲调《中吕醉》为证：

当年仗义登坛，苍隼护巢竟返。
云屯牧野繁星烂，西北天容照眼。

吊井勿幕，书生写诗

靖国军队伍成员复杂，纪律松懈，于右任书生治军，相当吃力，主要仰仗他的助手、总指挥井勿幕。井勿幕是同盟会陕西省负责人，文武俱备，于右任和他相处得很好。

不幸的是，井勿幕遇害。

1920年，井勿幕带了几名护卫到兴平南仁堡开会，被埋伏在堡里的第一支队李栋材暗杀，李割下井首级，逃往西安向陈树藩邀功。

井勿幕的死，引发原本貌合神离的靖国军的分裂。于右任毕竟是书生，徒有誓死如归的勇气，无法约束草莽群雄的出轨行为，只能写诗《吊井勿幕》以示怀念。

十日才归称轸元，英雄遗憾复何言。
渡河有恨收群贼，殉国无名哭九原。
秋兴保存难和韵，南仁村远莫招魂。
还期破敌收功日，特将秋山拟宋园。

时值第一次直奉战争，吴佩孚获胜，坐镇洛阳派军入关中，先锋旅长冯玉祥在"鸿门宴"上，杀死靖国军实力最大的第一支队队长郭坚，迫使胡景翼、曹世英等部易帜。冯玉祥要拉拢于右任，推荐他做总统府每

由于右任题的上海大学校名（上图）
滔滔黄河（下图）

111

公元1916年

中国大事记

12月9日,沪宁、沪杭甬两铁路接轨竣工,实现通车。

曾参加靖国军的樊钟秀赠送孙中山的银杯

樊钟秀(1888—1930),河南宝丰人,1913年流落陕西,组建民团武装。1918年参加靖国军。不久归附直系军阀。1922年6月陈炯明炮轰观音山,与孙中山反目,直系军阀吴佩孚命樊钟秀赴粤助陈。樊钟秀秘密派代表谒见孙中山,归附了孙中山的北伐军。

月千元的高级顾问,外贴一枚一等文虎章。于右任拒绝了。他说,钱我见过,不稀罕,什么文虎章,你妻侄、小舅子都给,骗子也给,我看不值半文钱。

单身而来空手去

靖国军诸部中只有曹世英部杨虎城拒绝改编。吴佩孚封他当独立旅旅长,他不干,曹世英派专使相劝,他骂道:"俊夫(曹世英号)投贼,竟敢劝我?"他听说于右任处困难,当即派兵保护前来驻地武功。

于右任在凤翔重建靖国军总司令部,再编三路支队。不久又在武功召开军民大会,他登上用十几只方桌叠起的高台发表演说,高呼永远为民主而战。

杨虎城隅居一角,屡败北洋军,但毕竟孤掌难鸣,经于右任和他多方商议,为保存实力,决定走陕北,屯三边。于右任也绕道甘肃,由重庆到上海联络、组织志士,再图恢复大计。这正是:单身而来,空手而去,布袍共难,书生本色。

> 盛巽昌

20世纪二三十年代书法家简表(部分)

项目 姓名	籍贯	专长	附注
于右任(1879—1964)	陕西三原	草书	举人,1907年在上海办报
谭延闿(1880—1930)	湖南茶陵	楷书	进士、湖南加入同盟会,南京国民政府首任主席
王福庵(1880—1960)	浙江杭州	大小篆	西泠印社创始人之一
叶恭绰(1881—1968)	广东广州	楷、行、草书	留日,北京政府交通总长,宗颜真卿、赵孟頫
张宗祥(1882—1965)	浙江海宁	行、草、楷	1914年北京教育部视学
马一浮(1882—1967)	浙江绍兴	行书、隶书	留日、德、美。19岁在上海与马君武、谢无量创办《二十世纪翻译世界》
沈尹默(1883—1971)	浙江湖州	楷、行、草书	早年留日,北京大学文学系教授,《新青年》编辑,中年临《兰亭序》
谢无量(1884—1963)	四川乐至		早年留日,上海中华书局编辑
马公愚(1889—1969)	浙江永嘉	楷、隶、篆	初学汉魏碑、钟王,就读浙江高师
王个簃(1897—1988)	江苏海门	行、草	从吴昌硕学,浙江艺专教授
邓散木(1898—1963)	上海	狂草	从赵古泥、萧蜕庵学
林散之(1898—1989)	安徽和县	草	60岁后作草,以王羲之为学、怀素为体
朱复戡(1900—1989)	上海	篆籀	早年留法,回国
沙孟海(1900—1992)	浙江鄞县	大小篆	1922年在上海修能学社与商务印书馆任编辑
王蘧常(1900—1989)	浙江嘉兴	章草	师承沈曾植

公元1916年

世界大事记
12月18日,英法联军与德军在凡尔登长达10个月的战争结束,双方死伤达80万,德军不支,退却。

人物:简氏兄弟
关键词:爱国 创新
资料来源:《南洋兄弟烟草公司史料》董浩林《上海烟草志》

○三四

中国人吸中国烟

简氏兄弟惨淡经营烟草公司,为争利益,几经曲折,在20世纪20年代终于使中华民族资本在烟草行业有所作为。

"中国人应吸中国烟"

1905年2月11日春节过后,在爆竹声中,广东南洋烟草公司在香港开张了。它的创办人是在南洋经商的广东佛山人简照南和兄弟简玉阶。哥儿俩目睹多年来中国烟草市场被英美烟草霸占,那英美烟草公司生产的"老刀牌"香烟,真像商标绘图的海盗那样,横行海上,也横行中国。在开业这天,他们特地打出横幅,上面写有斗大的广告语:"肥水不流别人田,中国人应吸中国烟。"

南洋烟草公司非常重视烟标名称,他们从大量征求商标复函中,再三筛选,最后选中了"双喜"、"飞马"、"白鹤"作为烟标。民众非常认同这些象征吉祥如意,富于中华民间文化特色的烟标。因此他们生产的产品在烟卷市场颇为旺销。

年方35岁的简照南见此兴旺情景,不由踌躇满志,兴奋地在庭院里高声朗诵苏轼《赤壁怀古》:"大江东去,浪淘尽千古风流人物……"

但是英美烟草公司则恼怒万分,他们与香港当局勾结,几次制造事端。先借口说南洋的"白鹤"侵犯了它的烟标颜色,强行将它当众烧毁,以后又连续烧毁"飞马"和"双喜"等产品。

这些事端致使简氏兄弟不得不在1909年歇业。

打爱国牌转危为安

辛亥革命后,全国掀起了"提倡国货,抵制外货"和"实业救国"等运动。

已在两年前重建的简氏"广东南洋兄弟烟草有限公司"借此东风,大展宏图。将所产香烟,以"国货"、"中国人吸中国烟"为口号,并打到海外,争取到东南亚华侨欢迎,仅爪哇一地"飞马"烟就月销一千箱。1912年公司获利4万元,1913年、1914年各获利10万元以上,到1915年,已拥有资产100万元,员工一千人,产品有飞艇、三夫人等11种品牌。

简氏兄弟的成功开拓,令英美烟草公司大为惊慌。公司经理汤姆士派买办邹廷生前来与简照南商谈收购,遭到拒绝后。汤姆生勃然大怒,派人四出贿

上海南洋烟草公司
1918年,南洋烟草公司把事业做大,向长江流域扩展,将公司本部迁入上海。图为位于大名路的公司外景。

113

公元1917年

| 中国大事记 | 1月27日，北京大学校长蔡元培提议：大学专设文、理两科，法、医、农、工、商五科另立独立大学，并重定大学学制。 |

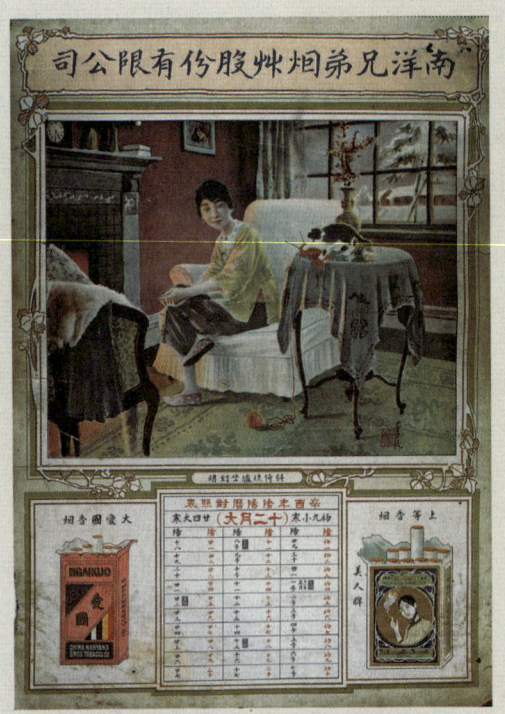

南洋烟草公司月份牌

赂，威胁各地烟商，不得代售南洋烟草公司的香烟品牌。

南洋烟草公司又面临一场败落、歇业的危机。

正在这时，全国掀起了"提倡国货、抵制外货"的浪潮。简照南即抓住这一难得的发展机遇，在"飞马"烟盒上加印了"振兴国货"字样，广为宣传推广。这引起了广大民众的关注，产品再次打开了销路。

飞机广告别具一格

简氏兄弟在与英美烟草公司的竞争中，用飞机来做广告，堪称别具特色。当时，香港机场举行飞机表演，简氏公司便购得在飞机场圈里做广告的专利权，并在机场举办了卖烟救灾义赈，此举大得人心。飞机在空中向下洒出五颜六色的彩旗、气球、标语，上面悬挂"南洋"

香烟品牌，或者"中国人请吸中国烟"；"不吸香烟最可敬，要吸香烟请用国货"等巨幅标语，十分引人注目。

简氏兄弟这出"好戏"演得有板有眼；使人们扬眉吐气，争相以高价购卖南洋牌香烟。

经过多次宣传与推广，20世纪20年代前后，即使在中国最偏僻地区，也能买到"飞马"、"喜鹊"等南洋品牌了。

1919年五四运动，又给简氏兄弟带来新的发展机会。当年盈利高达100万元以上。1920年竟跃升为485万元，资本积累超过600万元。　　　　　　　　＞盛巽昌

南洋烟草公司画片

南洋烟草公司出品卷烟盒中所附赠的画片，背面系公司广告和厂址图案。

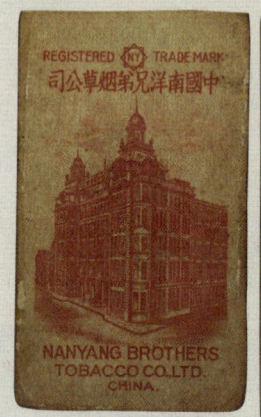

> 历史文化百科

〔月份牌上的广告工艺美术〕

通俗美术有月份牌，它是一种广告工艺美术画。

晚清已流行。民初工商业发展，常绘制月份牌为本企业推销、介绍生产的商品。

月份牌印制、纸张都选择精制巧作，每每一纸印有阴阳历和季节表，随报刊、商品免费赠送。它所绘图画有中西画、仕女和风景，以及时行的戏剧、历史故事，另有以产品、器物为主体的广告画，有时还在道口、广场、人口聚居地张挂，招徕顾客。

114

范旭东办厂

开拓化学工业，践行实业救国理想。

公元1917年

世界大事记：3月3日，俄国爆发二月革命，15日，罗曼诺夫王朝被推翻。

师俊山《范旭东传：化学工业的先驱》

人物：范旭东　关键词：机遇 开拓　资料来源

○三五

向大海索取财源

1911年，范旭东从日本京都帝国大学毕业回国，立志要开拓化学工业，实业救国。

在胞兄范源濂的支持下，他专门赴欧洲考察盐政工业。回国后，选择了塘沽这个从事制盐业最理想的基地。

可是办实业，不仅要筹集一大笔钱，而且还必须面对拥有包买包销、垄断市场的盐商。幸运的是，经哥哥范源濂介绍，他先后得到了实业家张謇以及时任司法总长梁启超的帮助。1914年7月，经北京政府财政部盐务署批准立案。翌年10月，生产基地建筑安装工程全部竣工，年底就可以出盐了。

公司取什么为名字呢？范旭东的理念就是既然办起来了，就得开拓发展，长存不息，于是就取了"久大"这个既简明，而又响亮的名字。精盐包装用什么商标？范旭东从自幼爱观看的星星中得到启发，心想海王星不就是传说里的海龙王吗，大海提供了取之不尽的精盐原料，就此将商标设计为五角形图案的"海王星"。

找袁世凯开绿灯

精盐源源出厂可是很难打开局面，原因是只允许他们在天津东马路设店销售，如若走出这个范围，就会被视为越界，属贩兴贩私盐。私盐贩子是不受保护的，轻则坐牢，充军，重则斩首，抄没家产。

还有那些盐商，像乌鸦眼瞪着，幸灾乐祸，时时在找差错。

范旭东并不气馁，赶到了北京，找上了盐务署顾问、也是久大精盐公司董事长景学钤，建议他干脆就去找袁世凯。范旭东还找上了杨度，请他入股，当时杨度正是袁世凯筹划做皇帝的大红人。他把范旭东带来的两瓶精盐样本送给袁世凯，谈了一番久大厂苦经，经杨度一番巧言游说，袁世凯为了笼络工商界，当场拍板给海王星精盐开绿灯，在长江中游的两湖、安徽和江西等省行销。

终于立足江淮

袁世凯的口头承诺，也是口说无凭，只是让范旭东开心一阵子。实行起来谈何容易啊，由于那时袁世凯善后大借款，盐税作为抵押已为国际共管了，他遇到

化工大王范旭东

1928年，范旭东(1883—1945)在常务董事会上说："兄弟相信事业的成败，十有八九在自己，不在别人。"他身为公司老板，每月只拿50元生活费维持家用。公司有一辆小汽车，专用以接送路程远的员工，自己平时不坐，也不允许家人坐。

范旭东与侯德榜——企业家与科学家合作的一个经典范例

侯德榜常从塘沽到北洋大学讲课，范吩咐工厂：凡侯德榜去天津讲课一定用专车接送，以节省他珍贵的时间。而侯在美国订购设备，节约得连公共汽车都不坐，每天步行。回国时，所有票据清清楚楚。

115

公元1917年

中国大事记　5月6日，中华职业教育社在上海成立，黄炎培为办事部主任，蒋梦麟为总书记，发刊《教育与职业杂志》。

中国化学工业社各种化妆品陈列室

的既有由外国人把持的盐务稽核总所干涉，还有长江中游各省的盐商们的刁难。

可是范旭东幸运地又得到了一个机遇。

那是1916年6月，袁世凯呜呼哀哉，黎元洪上台，梁启超又当上了财政总长和盐务署督办，他对范旭东说：两湖正闹盐荒，当地的十八家盐商只能做小量试销，要南下打开格局。

范旭东极为高兴。然而两省议会不允许久大盐入境。范旭东经过多方努力，终于搭上了八面玲珑，人称为"水晶珠"的湖南督军谭延闿那条夜航船，把十八家精盐商号组织为"精盐公会"；精盐公会要求"北盐南运"。议会的老爷们也只得勉强答应了。

由此海王星精盐，由塘沽码头海运，驶进了长江口。

1920年，徐世昌继任大总统，范旭东的哥哥范源濂再次做教育总长，范旭东的后台更硬，又在九江建立了"九江精盐公会"。可是淮扬盐商不愿失去固有的市场，拉起"淮南公所"，不准海王星牌精盐入境。双方对抗，剑拔弩张。赣北镇守使吴金彪难以骑墙，但当他得悉范旭东和京中大员有关系后，就叫弟弟吴朗山在九江设立精盐查运所。名为查运，其实成了久大精盐在淮南销售的保护伞。久大精盐自此通行无阻，竟取得在淮南的半壁江山。

范旭东继续开拓。在第一次世界大战后，借助华盛顿会议决定的，日本继德国之后在中国山东所掠夺的各项权利，都要归还中国，其中也包括在青岛的盐场和制盐设备。范旭东应北洋政府招标商办，承办了青岛盐厂，并妥善与青岛盐商联手，成立了永裕盐业公司，并按华盛顿会议规定，每年向日本出口25万英吨精盐。

1932年，久大精盐厂在沿海已有盐田10万亩，年产盐24万吨，可供应当时全国各地食用。在此期间，范旭东经营的永利制碱公司也在不断克服困难中开拓。

> 盛巽昌

历史文化百科

〔侯德榜制碱法〕

1924年8月，侯德榜经三年的制碱工艺设计研究，终于使永利碱厂首次生产出合格的纯碱。1926年，他研制的国产"红三角"牌纯碱，在美国费城举办的万国博览会上获得金质奖章。1932年推出的《制碱》一书，自在美国推出英文版后，出现了多种文字的译本，被国际学术界公认是世界上第一部制碱专著。

抗战期间，侯德榜又对原来的制碱法进行革新。1940年，他和实验人员经过500次循环实验，分析了2000多个样品，终于研究出了价廉物美、超世界水平的新的联合制碱法。1943年，经范旭东提议，将它命名为"侯氏联合制碱法"。

公元1917年

世界大事记：4月6日，美国向德国宣战。

邓明以《陈望道传》
《走进历史深处：1921-2001》

陈望道　博学
人物　关键词　资料来源

〇三六

陈望道译《共产党宣言》

《共产党宣言》像一个幽灵，席卷全球，陈望道第一个完整地将它译为中文。这部石破天惊的巨著，开始在中华大地传播。

1848年，马克思、恩格斯《共产党宣言》完成后，很快风靡全球，被译成多种语言在很多国家、地区出版。而在它诞生七十年后，这部石破天惊的世界巨著，才为中国人所知，尔后译为中文，在中华大地传播。

理想的大手笔

1919年5月，陈望道从日本归国，在浙江第一师范当教员。浙江一师是浙江和杭州学生运动的核心，陈望道和同事夏丏尊、刘大白、李次九因为站在学生一边，被地方顽固士绅诬骂为"四大金刚"。

原来，国民党元老、上海《星期评论》主编的戴季陶，在日本读书时看到了日译本《共产党宣言》，想转译为中文文本，可是此人自感中国文学根基低浅，又缺乏科学社会主义理论修养，所以去找朋友、上海《中国日报》主编邵力子。邵力子向他推荐说："能承担此重任者，非杭州陈望道莫属也！"戴季陶也认同陈望道确是理想的大手笔，就以《星期评论》约稿函寄陈望道，函词恳切，并附了一本日文版《共产党宣言》。

陈望道在日本留学五年，读过这本日文译著，很早就产生了兴趣。接到约稿函后，欣然接受。

陈望道就此扛起大梁，忙碌起来，找来了当时报刊上有关此书的译文片段，如在南京读大学的张闻天的译作。陈独秀知道后，找上了李大钊，从北京大学图书馆借出了英文版的《共产党宣言》，迅速寄来，用以参阅，相互对照。

外国语学社学习《共产党宣言》
1920年9月，李达等人在上海陈独秀住地渔阳里开办了外国语学社，发给每个学员人手一册陈望道译本《共产党宣言》，陈还向学员讲解该书，听课的学员有刘少奇、任弼时、柯庆施和萧劲光等人。

山村柴房精心译作

陈望道离校，回到家乡浙江义乌分水塘。为了避免乡亲前来打扰，他选择了一间冷僻的柴房，用以译稿兼卧室。

《共产党宣言》第一个中译本
1920年8月，上海社会主义研究社出版了《共产党宣言》的第一个中文全译本。

117

公元1917年

中国大事记

7月1日，张勋、康有为等拥清废帝溥仪复辟，仅12天即失败。

资料只有英文本、日文本的《共产党宣言》以及《英汉词典》和《日汉词典》。他对两种文本的原著，作了一遍又一遍的琢磨，虽然自己过去读了多遍，只是意会，但要译成文字并非易事，《共产党宣言》的思维结构博大精深，文字也是非常的深邃优美，而且很多还是从未见过的新名词、新术语。

陈望道字斟句酌，细作推敲。诸如全书第一句话，就是难点，一次次尝试，都被推翻重译，最后才改定为："一个幽灵，共产主义的幽灵，在欧洲徘徊。"后来精通德文的罗章龙曾打算从德文原版《共产党宣言》翻译成中文，这第一句话就成了拦路虎。他推敲了很久，仍然不得要领，最后只得采用陈望道的译文。

初版再版又重印

经过两个月的日日夜夜，陈望道费尽心力，将《共产党宣言》译为中文。这是该书第一个中文全译本。此后他回到了杭州，用学校的石印机印了十几份，在浙江新潮社秘密传阅。

陈望道

浙江义乌人。早年留日。1923年任上海大学中文系主任、教务长。主编《太白》。建国后任复旦大学校长。著有《修辞学发凡》、《文法简论》、《美学概论》。图片左为早年摄影，右为张乐平速写稿。

十几天后，他携带译稿到上海，由李汉俊、陈独秀用英、日、俄三种文字校订。这时《星期评论》已停刊，它由陈独秀交与上海社会主义研究社，作为"社会主义研究小丛书第一种"出版。

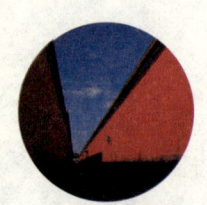

1920年8月，中译本《共产党宣言》出版了，初版一千册，一销而空。9月重版一千册。以后一版再版，不计其数，仅平民书社1926年1月到5月，就先后重印了十次。 ▷盛巽昌

▷历史文化百科

〔《共产党宣言》五种全译本〕

第一种是陈望道所译。1920年在上海出版，由陈独秀建立一个"又新印刷厂"印刷出版。

第二种是华岗据英文版所译。1924年，华岗在宁波四中读书时，就听过陈望道的课，后开始译此书。1930年在任中共湖北省委宣传部长时，将已译成的完整译本，交由上海华兴书局出版。

第三种是成仿吾、徐冰据德文版所译。1928年成仿吾在德国柏林担任《赤光》杂志社社长兼总编辑，且随德共理论家海尔曼·冬克学习马恩德文原著。当时，蔡和森知他通晓五国外语，就从莫斯科给他写信，要他把《共产党宣言》译成中文，说莫斯科外文出版社准备出版。成仿吾就采用德文版《共产党宣言》版本，参考英、法文译本，译出后托送与蔡和森，但蔡已奉命回国，不久就牺牲了，所以这译稿也就丢失了。

1938年成仿吾任延安陕北公学校长，徐冰在《解放日报》任编辑，两人就以德文版《共产党宣言》为蓝本分头翻译，成又把全部译文通读一遍。8月由解放社作为《马恩丛书》出版。1975年，成仿吾再次对此书作了校正，翌年由中央党校出版。

第四种是陈瘦石据英文版所译。1943年重庆商务印书馆出版。

第五种是博古据俄文版所译，1942年延安整风时，译者据成、徐译本重新校译，作为"干部必读书"之一，1943年在各解放区广泛印行。

公元1917年

世界大事记

7月10日，俄国临时政府镇压彼得格勒工人、士兵和平、反战游行，引起流血的"七月事变"。

○三七

周恩来与觉悟社

人物：周恩来
关键词：爱国 热情
资料来源：《周恩来传：1898—1949》金冲及、《天津文史资料选集》、《五四运动回忆录》

天津觉悟社诞生在北京驶往天津的火车车厢里。觉悟社以数字代替各人姓名，周恩来抓了个5号，即以谐音"伍豪"为别名。

1919年4月底，周恩来从日本留学归来，成为南开大学第一届文科学生。1919年，五四运动席卷全国。8月初，山东戒严司令马良残酷镇压爱国运动，全国各地学生开展"反马良运动"。周恩来与天津学生代表在北京参加"反马良运动"后，于9月2日下午乘火车返回天津。

十男十女一个社

飞奔的列车车厢里，周恩来与一群热血青年七嘴八舌，热烈讨论天津青年爱国运动的发展方向。女同学张若名和郭隆真建议将"天津女界爱国同志会"并入"天津学生联合会"，得到了大家赞同。原来，当时受封建习俗的影响，男女学生不能在同一个团体活动。"天津学生联合会"以南开等学校男生为主，"天津女界爱国同志会"以第一女子师范学校女生为主。

周恩来接过她俩的话头说："我们不妨将两个组织中的骨干分子结合在一起，另组一个强有力的核心小组，同时出版一个宣传刊物。"大家说这样更好，于是从"学联"中拟出十人名单，又从"女爱会"中拟出八人名单。女同学抗议说："为什么女生要比男生少两个人呢？这不公平。"为了体现男女平等精神，随后又增补了两名女生。就这样，天津觉悟社在北京驶往天津的火车车厢里诞生了。

觉悟社成立的第一次活动是请李大钊演讲。李大钊在觉悟社成立5天后到天津给社员们演讲。他对觉悟社不分男女的组织非常支持，在演讲以后笑着对大家说："你们十男十女一个社，真是一个了不起的创造！"

觉悟社后来还请周作人讲《日本新村的精神》、刘半农讲《白话诗》、钱玄同讲《研究白话文学》等。它的建立，吸引了许多青年人。北京《晨报》将觉悟社称为"天津的小明星"，说："他们抱了时时觉悟，刻刻觉悟的决心，所以叫做觉悟社。"

5号与"伍豪"

第一期《觉悟》杂志于1920年1月20日出版。

周恩来与南开同学合影
1913年8月—1917年6月间，周恩来在天津南开中学就读，图为1917年毕业时周恩来（左三）与常策欧（左一）、王朴山（左二）合影。

觉悟社成员巴黎留影
1921年春，天津觉悟社部分成员在法国巴黎合影，后排中为周恩来。

公元1917年

中国大事记

9月1日，广东非常国会选举孙中山为海陆军大元帅。

周恩来手书"大江歌罢掉头东"
1917年，周恩来在南开中学毕业后，东渡日本求学。1919年回国时，学友张鸿诰邀友人为其饯行，并请题字留念，周恩来于是写下了这幅字。

《觉悟》出版前，周恩来召开觉悟社会员会议，他说："我们已经决定献身于革新中国的事业，前途少不了危险艰难。用各人的真名发表文章或写信联络，难免不受犬注意。我建议用数字代替各人姓名，大家抓签决定自己的数字。"大家表示赞同。于是，邓颖超和郭隆真在五十张白纸上写上从1到50的数字，让大家依次抓签，通过抓签确定自己的代号。

邓颖超第一个抽，抽的是1号，于是取谐音"逸豪"；周恩来抓了个5号，取谐音"伍豪"；郭隆真抽了13号，谐音"石珊"；马骏抽到29号，谐音"念九"；张若名抓了一个36号。当天抽签的人除了张若名，都根据号码取了谐音。张若名一时想不到一个适合的谐音，在第一期的《觉悟》上，即以"36"署名，发表了文章《"急先锋"的女子》。

抽完签以后，有人觉得自己抽的签不好，周恩来对大家说："名字本来就是一个符号，各位不必在意，重要的是看我们各位今后的行动。"这次抽签以后，周恩来在很长的一个时期里一直用"伍豪"作为别名。

坐班房，挂大红绸带

1920年1月，天津学联调查员在商号检查日货时遭到日本浪人毒打，各界代表向省公署请愿，省公署竟莫名其妙下令逮捕请愿代表。周恩来与觉悟社的会员商议，决定发动大规模的请愿示威活动，要求释放被捕代表。

天津各校学生五六千人聚集在南开学校前的广场上，举行声讨大会。学生一致推选周恩来为总指挥，率领学生到省公署请愿。他们排着整齐的队伍游行至省公署门前，周恩来、郭隆真、于方舟、张若名被推选为请愿代表，要求面见省长曹锐。谁知周恩来等4个代表进入省公署后，即一一被拘捕。

觉悟社成员合影
1920年，天津觉悟社部分成员：周恩来（后右一）、马骏（后左三）、邓颖超（前右三）。

公元1917年

世界大事记：9月7日，俄国发生沙皇将军科尔尼洛夫武装叛乱，旋被镇压。

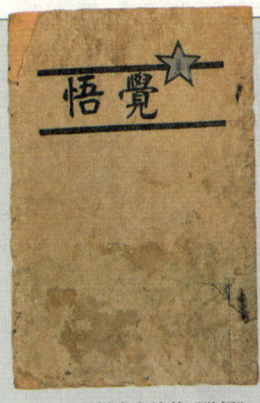

周恩来主编的《觉悟》

周恩来等4名请愿代表被捕后，当局既不审讯，也不释放。周恩来经过秘密联络，发动先后被捕的24个人开展绝食斗争。正在这时，邓颖超联络了24个同学来到检察厅，要求替代被捕的24个代表入狱，弄得检察厅非常难堪。

经过一番斗争，代表虽没有立即释放，但关押的条件有所改善。他们议定，每天早上做早操，晚上开会，推选周恩来等3人组织成"读书团"，每周一、三、五晚上开讲演会，介绍新思潮。周恩来在狱中作了5次讲演，介绍马克思主义学说。

在全国人民的声援和支持下，当局于5个月后释放了全部代表。请愿代表出狱的当天，天津各界爱国人士在欢迎大会上为周恩来等4个请愿代表披挂了大红绸带并送给每个代表一块铸有"为国牺牲"四个字的银制纪念章。1920年10月，以周恩来、郭隆真、刘清扬、张若名等觉悟社创办人赴法勤工俭学为标志，觉悟社宣告结束。

1988年4月，邓颖超撰写《从西花厅海棠花忆起》，回忆觉悟社早期的活动以及她与周恩来相识相知的经过。她动情地说："在运动中，我们这批比较进步的学生组织了觉悟社。这时候，我们接触得比较多一点。但是，我们那时都要做带头人，我们觉悟社相约，在整个运动时期，不谈恋爱，更谈不到结婚了。" ＞华强

周恩来任主编的《天津学生联合会报》
1919年7月21日，《天津学生联合会报》创刊，周恩来任主编。

民国初年各大学校训	
北京大学	爱国、进步、民主、科学
清华大学	自强不息，厚德载物
浙江大学	求是创新
四川大学	海纳百川，有容乃大
中央大学	诚朴雄伟、励学敦行
北京师范大学	学为人师，行为世范
山东大学、齐鲁大学	气有浩然，学无止境
复旦大学	博学而笃志、切问而近思
南开大学	允公允能、日新月异
同济大学	严谨、求实、团结、创新
厦门大学	自强不息、止于至善
中山大学	博学、审问、慎思、明辨、笃行

公元1917年

中国大事记：10月19日，北京政府交通部与美国西方电气公司、日本电气株式会社订立合同，合办中国电气公司。

茅盾革新《小说月报》

1921年，由茅盾、郑振铎等文学研究会成员主持的《小说月报》，作了根本的革新，使得新文学有长远的传播。

沈德鸿就是沈雁冰

1920年10月，上海商务印书馆总经理张元济、编译所所长高凤谦风尘仆仆来到北京，物色新文化人才，经蒋百里推荐，认识了铁路管理学校学生郑振铎和耿济之等人。经几次谈话，张高二人非常欣赏郑振铎的才华，欢迎他来上海商务加盟，并说，商务创办的《小说月报》十多年，已老化了，跟不上时代步伐，希望帮助将该刊革新，写稿和组稿。

郑振铎答应了。他对张高两人说："贵馆有一位沈雁冰先生，虽不认识，但读其文，知其人于新学旧学都很有根底。"

蒋百里在北京教书前曾在上海商务印书馆做过编辑，也分别向他俩介绍沈雁冰是位难得的人才。

张元济、高凤谦都说，商务没有叫沈雁冰的。

其时，他俩都不知道沈雁冰当时用的是本名"沈德鸿"。更不知道这位沈雁冰已在《小说月报》编辑部任编辑，并在自己责编的"小说新潮"栏目已作了部分革新。

张元济、高凤谦回到上海，经过询问，原来北京多人不约而同推荐的沈雁冰，就是沈德鸿，于是立即把他提拔为《小说月报》主编，并要他明年第一期，即作全面革新。

"文学研究会"与《小说月报》

沈雁冰受命接任时，离发稿期只有一个月。但手头

"茅盾"这名字的由来（左图）

1927年大革命失败后，沈雁冰以"矛盾"为笔名发表文章来表明当时的心境。叶圣陶认为"矛盾"是个哲学名词，不像人名，且"矛"并非姓氏，于是建议他改为"茅盾"。沈雁冰对这一改动很满意，以后就一直以此为笔名。

茅盾手迹（下图）

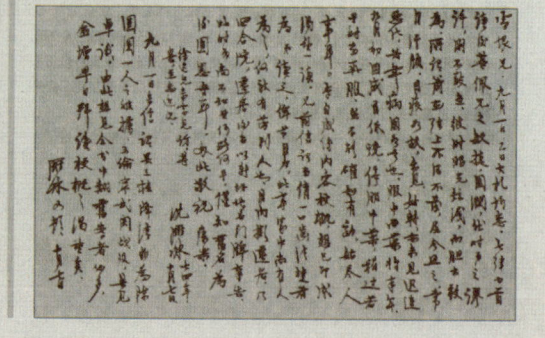

《小说月报》封面 沈雁冰编辑《小说月报》，他说："先是人办杂志，后来就变成了杂志办人。"

公元1917年

世界大事记

9月14日，俄国克伦斯基组阁，宣布成立共和国，替代临时政府。

人物：茅盾
关键词：革新　勤奋
资料来源：茅盾《我所走过的道路》、陈福康《郑振铎传》

乌镇古戏台

123

公元1917年

中国大事记: 11月17日，上海《民国时报》登载俄国发生十月革命。翌日，北京《晨钟报》也相继报道。

郑振铎速写（徐悲鸿绘）

可以刊登的新文学作品一篇都没有，够用一年的积稿全是"礼拜六派"的，另有数十万字翻译，焦急之时，他忽而想起在"小说新潮"曾刊登的北京王统照的白话小说《湖中的夜月》，于是匆匆去信北京，请他援手，并说明《小说月报》明年将全部革新。

王统照将此信给郑振铎等人看了，当时他们正筹备文学研究会，接到信很兴奋，于是由郑振铎出面回信，说了研究会宗旨，并邀请沈雁冰作为发起人参加，答应立即筹集稿子寄来。

几天后，郑振铎、王统照等人在北京大学图书馆李大钊办公室开会，决定加速筹备文学研究会，约了即将成立的研究会会员们为《小说月报》改革第一号写稿，其中有郑振铎、冰心、叶圣陶、许地山、瞿菊农、王统照的创作小说，耿济之、孙伏园和郑振铎、王统照的译作，另外还赶写了几则《文艺丛谈》、《书报介绍》，甚至连改革后的封面和扉页插图都请人作了设计，连同《文学研究会宣言》、《文学研究会简章》，以及经往来通信酌定的《改革宣言》，先后送到了上海。

1921年1月，沈雁冰主编的《小说月报》革新后如期出版；在此同时，文学研究会也在北京成立，郑振铎被选为书记干事，主管会务。

郑振铎进入商务

1921年3月，沈雁冰在《小说月报》编辑部见到前来拜访的郑振铎。郑振铎是在学校毕业后来上海铁路南站实习的。

二人通信四个月，只是神交，从未谋面。

两人一见如故。沈雁冰直言要他放弃那只"铁饭碗"，到商务编译所，郑振铎欣然同意。

沈雁冰向高凤谦推荐，高凤谦当然很高兴。

郑振铎就辞退了铁路工作，前来报到。

高凤谦在谈及请他编小学教科书和《文学研究会丛书》后，就薪金待遇问题，征求他的意见。郑振铎不了解商务底细，朴实地笑笑说："只要工作合乎兴趣，一定努力为之。薪水嘛，一个月六十元也就够了。"当时他是以沈雁冰月薪一百元为参考的；如果知道商务编辑一般是二十四元，十年资深编辑也不过五十元，就不会这样讲了。

但高凤谦笑笑，点头同意了。

郑振铎在新岗位上从事编辑和写作，继续协助沈雁冰为《小说月报》组稿和联系作者。1922年秋天，沈雁冰因《小说月报》全面革新，受到《礼拜六》等刊物攻击以及莫名其妙的文坛相迫，而新任编译所所长王云五却偏袒旧式文人，遂愤而辞职。商务印书馆为表示《小说月报》宗旨不变，请正在主编《儿童世界》半月刊的郑振铎接任。

沈雁冰因后继者是郑振铎，当然很高兴。

1923年1月，郑振铎接编的《小说月报》出版了。仍按既定方针办。

> 盛巽昌

《小说月报》

公元1917年

世界大事记: 11月7日,俄国发生"十月革命",布尔什维克夺取政权。翌日选举出列宁为首的第一届苏维埃政府。苏俄决定退出战争。

20世纪初文学社团流派档案记录

项目名称	成立时间	地点	主要成员	主要期刊
新青年社	1915	上海	陈独秀、李大钊、胡适、鲁迅、钱玄同、刘半农、沈尹默、高一涵等	《新青年》
新潮社	1918年底	北京	傅斯年、罗家伦、顾颉刚等	《新潮》
少年中国学会	1918	北京	王光祈、曾琦、李璜、宗白华、毛泽东、左舜生、田汉、恽代英、张闻天等	《少年中国》月刊
文学研究会	1920.11	北京	郑振铎、沈雁冰、周作人、孙伏园、叶绍钧、许地山、王统照等	《小说月报》、《文学旬刊》(后改名《文学周报》《诗》月刊)
民众戏剧社	1921.3	上海	陈大悲、欧阳予倩、汪仲贤等	《戏剧》月刊
创造社	1921.7	日本东京	郭沫若、郁达夫、成仿吾、郑伯奇、冯乃超、李初梨、彭康、朱镜我、张资平等	《创造》季刊、《创造周报》《创造月报》《文化批判》
鸳鸯蝴蝶派	民国初年	上海、苏州	徐枕亚、吴双热、李定夷、周瘦鹃等	《礼拜六》
学衡派	1922.1	南京	吴宓、胡先骕、梅光迪等	《学衡》月刊
浅草社	1921	上海	冯至、林如稷等	《浅草》季刊
沉钟社	1925	上海	冯至、林如稷、陈翔鹤、陈炜谟等	《沉钟》周刊、半月刊
湖畔诗社	1922	杭州	冯雪峰、应修人、汪静之、潘漠华等	《支那二月》
新月社	1923	北京	胡适、徐志摩、陈源、闻一多、梁实秋、饶孟侃、陈梦家等	《诗刊》《剧刊》《新月》月刊、北京《晨报副刊》
语丝社	1924.11	北京	鲁迅、周作人、孙伏园、钱玄同、刘半农、林语堂、章川岛等	《语丝》周刊
未名社	1925秋	北京	鲁迅、曹靖华、韦丛芜、韦素园等	《莽原》《未名》
南国社	1925	上海	田汉等	《南国月刊》
甲寅派	1925.7	北京	章士钊等	《甲寅》
太阳社	1927冬	上海	蒋光慈、洪灵菲、孟超、钱杏邨(阿英)等	《太阳月刊》《时代文艺》

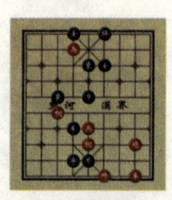

公元1918年

| 中国大事记 | 1月15日，《新青年》四卷一号出版，改用白话文，并使用新式标点符号。此后其他报刊采用白话文日渐增多。 |

○三九

蒋介石与证券交易所

中国股票证券市场形成较晚，但蒋介石却是最早一批入市者之一。

为摆脱生活困境

1916年孙中山为筹措革命经费，曾向北京政府申请设立上海证券交易所，可是经办人不清楚交易所是干什么的，最终没有批准。这时候的蒋介石因陈其美被刺身亡后失去了靠山，日子一天比一天拮据，当年风风光光的团长，现在浪迹江湖，也不得不穿上了旧西装。为摆脱生活困境，蒋介石受张静江的点拨，又将开办交易所的旧话重提。

张静江虽然双腿行走不便，却有着精明的商业头脑，早年在巴黎开公司赚了大钱，1905年重返巴黎时正

中国最早的综合性交易所——上海证券物品交易所
上海证券物品交易所发起于1917年，1920年正式成立。它是中国创办最早的综合性交易所。

好与孙中山同船，二人一见如故。他仰慕孙中山，表示愿意资助革命，并相约以A B C D E为序，倘电报中写A，即资助1万元，B为2万元，C为3万元，D为4万元，E为5万元。两年后孙中山因同盟会本部经费匮乏，便给张静江发去了一个C字求助电，几天后果然从巴黎汇来了3万法郎。以后孙中山又几度求援，张静江总是有求必应，并且加入了同盟会，成了孙中山信得过的朋友。二次革命失败后，张静江、蒋介石等人都成了上海滩上的落难兄弟，所以当张静江点拨提示，蒋介石顿时眼睛一亮，便开始着手张罗起来。

首先蒋介石等人在上海组织了一个协进社，用社团的名义来具体筹划；其次延请江浙财阀虞洽卿、赵家艺、盛丕华等人为该社团成员，以扩大声势；最后再由虞洽卿联合当时上海工商界名人温宗尧、闻兰亭、李平书等具名向北京政府农商部申请设立上海证券物品交易所。

好事多磨，一波三折

正当蒋介石、虞洽卿等人紧锣密鼓筹备之际，此事竟被南通商界巨擘张謇探悉。他当时也在筹划，没想到半路杀出个程咬金，他当即通电反对。因为交易所一般采用一区一所制，北京政府如果批准了蒋介石、虞洽卿的申请，那么张謇就不能在上海再办一个交易所。一方面是上海商界名流的正当申请，一方面是商界巨擘张謇的坚决反对，双方势均力敌，相持不下。北京政府农商部感到左右为难。然而就在这时，精明的日本商人已向本国驻沪领事馆注了册，率先在公共租界三马路开设了交易所。

蒋介石、虞洽卿等人也不甘落后，他们当即以抵制日商交易所为名上书北京政府农商部，申请批准。与此

公元1918年

世界大事记：1月8日，美总统威尔逊向国会提出对于将来欧洲和会的十四点原则。

人物：蒋介石
关键词：理财 革新
资料来源：杨树标 陆坚心等编《蒋介石传》《20世纪上海文史资料文库》

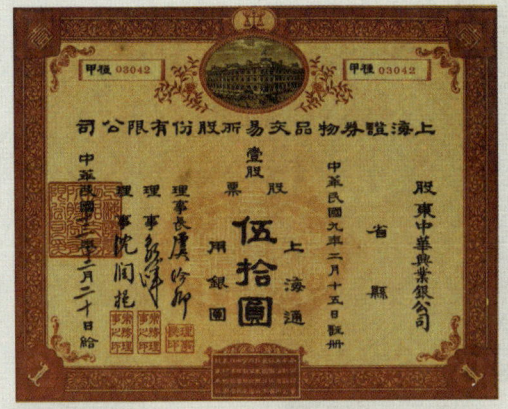

虞洽卿签发的股票
1920年秋，孙中山命张静江、戴季陶等人在上海筹设证券物品交易所，以筹措革命经费，而真正的创办人是实力派、号称"赤脚财神"的虞洽卿。

同时，沪海道当局也给北京发了密电，称如果再不批准申请，申请人将至租界内先行开业，如此地方政府再加阻挠，反而使日商取得了专利。这时把持北京政府的直系军阀曹锟、吴佩孚本不愿日本人介入中国事务，于是中国第一家综合性交易所终于获得批准。

恒泰号的股东兼经纪人

1920年7月1日，上海证券物品交易所宣告成立，理事长虞洽卿，注册资本500万元，交易物规定为有价证券、棉花、棉纱、布匹、金银、粮食油类等7种。

交易所的成立，蒋介石功在其中，可是由于财力有限，他还挨不上交易所的股东，只是交易所内经纪机构之一恒泰号的股东兼经纪人，而且他的股份还是张静江替他出的。

交易所的买卖一般是由经纪人经手代办，经纪人

孙中山商讨建国方针
护法运动后，1916年12月孙中山在上海环龙路寓所与朱执信（左二）陈炯明（左四）胡汉民（左六）等人，商讨民生主义和地方自治大计，将其作为今后的建设方针。

> **历史文化百科**
>
> 〔钱庄、银号〕
>
> 20世纪前期，上海等大都市有钱庄组织，北方称银号。
>
> 钱庄乃独资或合资金融机构，股东筹集资金。钱庄设经理、协理（或襄理），有时还在经理上设督理，专司监察经理行为，并参与决策。钱庄职员通常有"八课"，即所谓"八把头"，按职责为清账、客堂、汇划、钱行（市场员）、跑街、洋房（出纳）、银行（与各银行拆款往来）、信房（文书、档案）。
>
> 钱庄、银号在民国初期尚见兴旺，但自新式银行兴起，日渐衰落，至解放初期，大多停业。

公元1918年

中国大事记

3月5日，广州非常国会电巴黎各国代表，请宣布废止"二十一条"及段祺瑞与日本所订一切密约协定。

蒋介石在桂林（上图）

蒋介石随孙中山在桂林北伐军大本营。他很大程度是靠张静江在孙中山面前的美言，获得孙中山信任的。所以早年他非常尊敬张，誉之为"革命导师"。

张静江和他的妻子（左图）

张静江是20世纪初浙江财阀代表人物，亦被国民党誉为"四大元老之一"。孙中山还称他是"中华第一奇人"。

向交易所缴付了一定的保证金后代理客商买卖货物，从中获得相应的佣金，而恒泰号就是这么一个专门的机构，主要代客买卖各种证券及棉纱，注册资本为35000元，分35股，每股1000元，共有股东17人，其中蒋介石名下占了4股，当时陈果夫、戴季陶等也是这家交易所的经纪人。

大赚了一把又变成穷光蛋

交易所设在商贾云集的上海，又是中国第一家，开张之后，很快就成了投机者的乐园。

开始经营状况良好，价格直线飞涨，盈利相当丰厚。第二年《物品交易所条例》颁布后，股价更是一路飙升。蒋介石作为经纪人，自然也大赚了一把，他尝到甜头，便乐此不疲了。

公元1918年

世界大事记 2月23日，俄国革命军队在那尔瓦和普斯科夫大败德军。苏俄工农红军组建。

张静江南浔故居

张静江故居系其父张宝善于1898年所建。正中悬挂孙中山所写对联，出自五代贯休和尚呈吴越王钱镠诗句。原诗句本作"一剑霜寒十四州"，钱镠令贯休改"十四州"为"四十州"，遭拒。孙中山竟以钱镠意诗赠于张，足见对其格外器重。因为张静江多次美言，蒋介石才能当上黄埔军校校长，并得到孙中山的信任。

1921年初，蒋介石、戴季陶、张静江等人手中已有股票4万股，而且每股市价犹如脱缰的野马，仍继续猛涨，到年终每股竟从原三十元涨到二百多元。此时，蒋介石头脑发胀，有点忘乎所以了，开始不按期缴纳保证金，又因收受卖主空头支票，于是现金大量流出，账面上出现了赤字。他已入不敷出了。

就在上海证券物品交易所生意红火的时候，其他商家见办交易所得利既快又多，于是纷纷仿效，1921年上海华商证券交易所、麦粉交易所等先后开张，各类交易所越来越多，竞争也更见白热化。它的结果，必然因失衡完全失去了"平准市价"的作用。1921年的信交风潮，许多交易所纷纷倒闭，其中也包括蒋介石等人的上海证券物品交易所。

交易所倒闭，所属股票也就变成废纸一张。一个早晨醒来，那些交易所的大亨小亨骤然变成了穷光蛋，蒋介石也难逃噩运，负债达数千元。

当年，蒋介石为了在上海和交易所站住脚，曾向黄金荣送上帖子，拜其为"老头子"，后来这笔债务还是黄金荣出面代为具结了的。

但虞洽卿认为交易所倒闭是蒋介石等人经营不善搞垮的，为了避免蒋介石赖在上海有损他的既得利益，答应拿出6万元，要求他卷铺盖走人，而且虞洽卿提出非要蒋介石离开上海的那天才给钱。

第二天，蒋介石拿着这笔钱，去广东投奔孙中山去了。　　＞廖大伟

20世纪30年代的上海外滩

公元1918年

中国大事记：4月17日，毛泽东、蔡和森等在长沙成立新民学会，以"革新学术，砥砺品行，改良人心风俗"为宗旨。

○四○

非常大总统

孙中山先后发动两次护法运动，结果均遭失败，尤其是第二次夭折，竟断送于亲信陈炯明的反叛。

大元帅愤而辞职

张勋复辟失败后，段祺瑞以再造共和的功臣自居，重新出任内阁总理。人们希望政治纷争至此为止，重新恢复《中华民国临时约法》。可是段祺瑞一上台，就公然宣布"一不要约法，二不要国会，三不要旧总统"，摆出一副非武力统一不可的架势，使全国民众再次感到心寒。

张勋拥溥仪复辟时，孙中山即号召护法，7月6日率沪海军南下广州，联合"暂行自主"的滇桂军阀正式揭起护法旗帜，此举迅速获得一百多位国会议员的响应。但由于南下议员不足国会规定法定人数，不能召开正式会议，因此便召开非常国会。8月25日，非常国会在广州开幕，决定成立中华民国军政府。9月1日，非常国会选举孙中山为陆海军大元帅，陆荣廷、唐继尧为元帅，但陆、唐两人均拒绝就任。不久，孙中山正式就职，同时宣布出师北伐，以广州为大本营的西南地区成了护法运动的根据地。可是陆荣廷凭借控制的财政权，有意扼住军政府的脖子。军政府人不敷出，从部长到办事员，每月每人只能发零用钱20元，孙中山只得要廖仲恺向华侨募捐130万元。

陆荣廷、唐继尧等人并非拥护孙中山，只是借护法之名扩大自己的地盘。正所谓旁观者清，即使远在千里外的章太炎也看得清清楚楚，他指出："陆荣廷不过想占领湖南，唐继尧想占领四川，只是借护法虚名罢了。"翌年5月，在滇桂军阀操纵下的"非常国会"，通过了军政府组织大纲修正案，决定取消大元帅，军政府改行总裁合议制。当天孙中山愤而辞职，离开广州回到上海，第一次护法运动遂告失败。

日后，孙中山终于明白："故吾国之大患，莫大于武人之争雄，南与北如一丘之貉。"

孙中山佩剑（上图）
孙中山戎装像（下图）
1917年9月10日，孙中山在广州就任中华民国军政府海陆军大元帅。图为在大元帅府就职的孙中山留影。
孙中山手书"博爱"（右图）

130

公元1918年

世界大事记：3月3日，苏俄与德国、奥匈帝国、保加利亚、土耳其签订布列斯特—立托夫斯克和约。

人物：孙中山　**关键词**：爱国 仁爱　**资料来源**：莫世祥《护法运动史》《护法运动史》

陈炯明主张联省自治

陈炯明认为孙中山就任非常大总统不合适，不赞成北伐，主张联省自治，而与孙中山分道扬镳，受到多人谴责。孙中山去世后，他亲拟挽联自解：惟英雄能活人杀人，功罪是非，自有千秋青史在；与故交曾一战再战，公仇私谊，全凭一寸赤心知。

1920年8月，孙中山命令陈炯明的援闽粤军回师广东，利用唐继尧和陆荣廷矛盾，驱逐桂系军阀。两个月后援闽粤军攻占了广州，孙中山重返广州，即与伍廷芳、唐绍仪联名通电宣布恢复军政府，重开政务会议。次年元旦，孙中山在军政府发表演讲，建议仿效辛亥革命时组建南京临时政府的先例，在广州设立正式政府。1921年4月7日，非常国会通过了"中华民国政府组织大纲草案"，决定正式政府实行元首制，不久孙中山以237票当选为非常大总统。

5月5日，孙中山宣誓就职，就职仪式非常隆重。上午8时，参议院议长林森在总统府将当选大总统的证书授予孙中山，9时30分，又在国会礼场举行了由林森主持的授印典礼。授印典礼上，孙中山发表了就职演说和对外宣言。宣言说，政府将实行"开放门户主义，欢迎外国之资本及技术"，希望各国按照国际公约和惯例，尊重"正当取得之合法权利"，承认广州政府"为中华民国唯一之政府"。

这一天，广州洋溢着节日的气氛，白天20万人欢庆游行，晚间又举行了提灯大会，热烈祝

孙中山督师韶关
1922年5月6日，孙中山赴韶关督师北伐。因陈炯明在背后干扰，只得返回广州。图为孙中山、宋庆龄一行在韶关。

政府实行元首制

1919年2月，西南军阀的代表与北京政府的代表在上海和谈，5月初和谈最终破裂。11月直系军阀与西南军阀签署了"救国同盟草约"，达成了联合对抗皖系的协议。而以孙中山为首的国民党人则确定了首先讨伐桂系，再创护法新局面的方针，拉开了第二次护法运动的序幕。

孙中山所戴礼帽

公元1918年

中国大事记

5月15日,《新青年》发表鲁迅白话文小说《狂人日记》。

历史文化百科

《广西民众欢迎孙中山的一首歌》

1921年10月18日,孙中山从广州溯西江而上,出巡广西,准备北伐。12月4日,他到达桂林,受到热烈欢迎,民众自发倾城而出,夹道高唱一首歌:

箪壶兮远临,桂岭兮生春,君子奚至迟,万众齐欢腾,笑徐逆(世昌)抗命,伪廷卖国计空遏,指日义师到,扫除四贼庆升平,不见武鸣陆(荣廷),祸桂残民终自焚;不见谭(浩明)、陈(炳焜)、莫(荣新),黩武穷兵终逃窜,到头来还是强取失败民权胜,三民五权主义尊!欢迎我元勋。

民国军政府特任状

1920年11月29日,孙中山与伍廷芳、唐绍仪等宣布恢复军政府,重开政务会议,任命各部长。图为徐谦"特任状"。

贺孙中山就任非常大总统。

这样,中国南北出现了对立的两个总统。

"护法可算终了"

广州民国政府成立后,先后进行了西征讨桂和整军北伐。1921年6月下旬,陈炯明率领粤军分路出兵广西,9月底攻占了广西龙州,陆荣廷逃往越南。12月4日,孙中山抵达桂林,组建了陆海军大元帅大本营,继而在梧州召开军事会议,命李烈钧、许崇智等分路进军江西,与奉军张作霖呼应,联手攻打直军吴佩孚,但陈炯明却与吴佩孚勾结,阻挠北伐。

1922年6月16日,陈炯明指使部属联名通电,要求孙中山下野,且在广州发动了武装叛乱,炮击观音山总统府,孙中山登上永丰舰指挥反击,在珠江江面与叛军对峙了50多天后,离开广州,又回上海。退居上海的孙中山随即同苏联、中国共产党及皖、奉等各派势力加强联络,以求"同力合作","俾护法事业完全无憾"。

1923年1月中旬,滇、桂、粤讨贼联军将陈炯明部逐出广州,2月21日,孙中山再度抵达广州。3月2日,孙中山重建陆海军大元帅府,对军队重新作了部署,先后进行了讨伐陈炯明的东江战役以及广州保卫战,确保了广东根据地。

1924年1月4日,孙中山在大本营政务特别大会上宣布:"现在护法可算终了,护法名义已不宜援用。"20日在国民党第一次全国代表大会上,再次重申结束护法运动,开展国民革命。 ▷廖大伟

位于广州中山纪念堂前的孙中山塑像

公元1918年

世界大事记
4月，法国将军福煦任协约国最高统帅。美军登陆欧洲参战。

人物：李达 王会悟
关键词：爱国
资料来源：叶永烈《红色的起点》

〇四一

红色的起点

1921年7月31日，中共"一大"从上海转移到嘉兴南湖，在画舫中举行闭幕式。

在嘉兴南湖举行闭幕式

1921年7月31日早上7时35分，一列快车从上海北站驶出，朝南进发。

在各节车厢里，散坐着中国共产党"一大"的代表们。他们各自独坐，装着互不相识。他们之中有张国焘、李达、毛泽东、董必武、陈潭秋、王尽美、邓恩铭、刘仁静、周佛海、包惠僧。何叔衡是否去了，还是个待解之谜。据有的当事人回忆，何叔衡提前回长沙了。

王会悟小姐紧挨着李达坐着，她今天是"领队"兼"导游"，显得格外兴奋。她那小巧的手提包一直不离身，包里放着这次去南湖的活动经费。

他们终于甩掉了跟踪的密探，远离人喧车嚣的上海。列车抵达嘉兴。他们来到南湖登上了画舫。

召开一大时用的南湖画舫（右图）
浙江嘉兴南湖（下图）
7月30日晚，大会举行第六次会议通过党的纲领和决议，选举中央机构。会议刚开始，法租界巡捕房密探突然侵扰，与会者撤离到李达家，经李达夫人王会悟建议，与会者都赞成到浙江嘉兴南湖继续开会。翌日，就在南湖一条画舫继续会议。图为南湖革命纪念船（仿制），背景为烟雨楼。

从船头穿过小巧的前舱，便来到宽敞的中舱。

湖上的游船不算很多。将近中午，下起一阵小雨，游人四散，湖面上更为安静。中国共产党"一大"的最后一次会议，就在这时开始。

代表们讨论着党纲和决议。那张放在李汉俊家抽屉里，被密探们所忽视的"废纸"，此刻成为代表们字斟句酌的文件。马林不在场，又缺了常常持异议的李汉俊和陈公博，讨论的过程不像往日那么激烈，十分顺利地进行着。

中国共产党成立

会议继续在船里举行。

第一个获得正式通过的，便是《中国共产党第一个纲领》。纲领的第一句话便开宗明义："我们的党定名为中国共产党。"

党纲明确地申明了中国共产党是依据马克思主义学说为理论建立的。纲领还申明中国共产党的政治主张，规定了中国共产党的奋斗目标、组织原则以及与其他政党的关系。

接着，又通过了第二个文件，即《中国共产党的第一个决议》。

据李达回忆，那天的大会还通过了《中国共产党第一次代表大会的宣言》。张国焘的回忆录中，也提起曾起草过《中国共产党成立宣言》。但这篇宣言未曾传世，迄今未能找到。

133

公元1918年

公 元 1 9 1 8 年

中国大事记

7月5日，中国与日本横滨正金银行签约，以盐务作保，借款1000万日元。

中国共产党机关刊物《向导》
1922年9月13日，中国共产党机关刊物《向导》创刊。

　　天色渐暗。大会进入最后一项议程，即选举中国共产党的中央领导机构。考虑到当时的中国共产党党员不过五十多人，各地的组织也不健全，所以决定不成立党的中央委员会，只建立中央局。

　　选举采用的无记名投票方式。中央局的人选很简单，共三人，即书记一人，宣传主任一人，组织主任一人。

　　书记，当然非陈独秀莫属。果然，选举结果，以集中的票数，一致选举陈独秀为中央局书记。

　　张国焘主持中国共产党"一大"，他因擅长社会活动，也得到不少选票，被选为组织主任。

　　李达负责中国共产党"一大"的筹备工作，是上海共产主义小组的代理书记，著译过大量介绍马克思主义的文章，被选为宣传主任。

　　南湖游船上的会议开到下午6时结束，由张国焘宣布闭幕。代表们轻声呼喊口号："共产党万岁!第三国际万岁!共产主义、人类的解放者万岁!"

　　当天晚上，代表们便乘火车返回上海。抵达上海时，已是夜色如黛了。　>叶永烈

中国共产党第一次全国代表大会会址（右图）
1921年7月23日晚，中国共产党第一次全国代表大会在上海法租界望志路106号（今兴业路76号）正式开幕，此会址乃是李书城、李汉俊兄弟住宅。

济南王尽美、邓恩铭塑像（下图）
一大代表王尽美、邓恩铭是山东共产主义小组的创始人，两人去世后，均葬于山东。建国后，济南建两人塑像以资纪念，董必武题诗："四十年前会上逢，南湖泛舟语从容，济南名士知多少，君与恩铭不老松。"用以缅怀先烈。

公元1918年

世界大事记

7月14日,白俄在海参崴成立西伯利亚临时政府。

公元1918年

中国大事记

8月9日，陕西靖国军各部共推于右任为总司令，设总部于三原。

〇四二 澳门血案

一次迫使葡萄牙殖民当局无奈让步的斗争。

20世纪初，澳门建立了澳门中华总商会和华人公团。在此前后，鉴于全国工运浪潮推动澳门地区，又组建了十多个工会。它们在当地有相当大的权威，就是葡萄牙殖民当局也畏之三分。

葡兵侮辱妇女，华人奋起斗争

1922年5月28日，澳门新马路上，一名黑人葡兵，竟然在光天化日之下，尾随一个中国妇女进入小巷，强行侮辱。附近剃头店学徒和老板听见了呼救声，赶来解救，葡兵顽抗，但双拳不敌四手，拔腿逃向岗亭，哪料岗警竟贼喊捉贼，狂吹警哨，立刻引来七八个警察，反将剃头店的老板、学徒扭住，不由分说，关进附近的瑞安码头的白眼塘警察署。消息传出，华人群情激愤，几百人不期而集，团聚在警察署门外，大喊放人。

白眼塘署的正副督察长不但拒不放人，还拔枪威胁。

华人也不退让，而且人数越来越多。警署十分恐慌，紧闭大门，并打电话向警察总署求援。

总署迅速增兵，在途经新马路时，被众多华人拦住，不让通过。葡兵悍然开枪，一名车夫被击当场身亡。当即引起群愤，呼喊着冲上前去，沿街居民纷纷前来助威，投掷砖瓦、花盆、器皿，打得葡兵抱头鼠窜。

当晚，围困警署澳门民众已增至万人。

次日拂晓，澳门六十多个华人公团，各以团旗开道，从四面八方浩浩荡荡来到白眼塘警署，将它里三层外三层围了个水泄不通。白眼塘警署又打电话给总督请求解围。

葡萄牙澳门总督史利华派出弗利中校带领一个中队乘汽艇由水道来救，汽艇一靠岸，就被华人排成的人墙所挡。弗利狂叫几声："让开！让开！"人墙纹丝不动。他就指挥开枪，当场有47名民众被杀害，伤者不计其数，一时间尸首狼藉，血流成河。

孙中山拍案而起支持澳门同胞

当天，全澳华人罢工、罢市、罢课。澳门全岛很快就陷入瘫痪。殖民当局得不到生活必需品供应，不得不动用兵船赴香港运送饮水、粮食等给养，限量分配。然而他们对民众仍采取高压手段，宣布全岛戒严，封锁关闸；封闭68个公团机构，胁逼复工、复市、复课。

公团领袖宣称决不妥协，还联名致电广东军政府，要求派巡洋舰驶进澳门海面，保护华人生命安全；又推陈根生、梁工侠为代表往广州谒见孙中山，面求支持。孙中山拍案而起，毅然应允。6月1日，命外交部照会驻广州葡国领事馆：所有事件经过及结果，应由澳门总督府完全承担责任，本政府除因必要便宜处置外，特提出严正警

澳门葡萄牙殖民总督府
该建筑为两层葡式风格建筑，是历届葡萄牙总督办公的地方。1999年澳门回归后，特区政府也在此办公。

公元 1918 年

> 世界大事记：7月，协约国军队大举反攻。8月初突破兴登堡防线。

费成康《澳门四百年》

爱国 勇敢
华人葡兵

人物　关键词　资料来源

告。尔后，又提出三项要求：所有黑人葡军必须撤离澳门；对死伤华人赔偿、道歉；永远禁绝澳门赌业和鸦片业。同时，军政府调"雷震"、"雷乾"两艇停泊前山，派出一营人马往前山协防。为澳门民众声援和呼应。

葡国领事却强词夺理，拒不接受，竟宣称他们此时在澳门所作所为，纯属正常内务，中国政府无权干涉。

孙中山坚决回击，指示外交部长伍廷芳向中外宣布军政府决不妥协、退步的强硬态度，还在必要的时间将采取必要的态度，意思就是说要收回澳门主权。由此，军政府又增派"广贞"、"广亨"和"永翔"三舰巡游澳门海面，以便进军澳门。军政府的强硬，迫使史利华只得让步，声称取消戒严令，开放关闸；并且恳求中国同盟会澳门分会出面调停，要求停止罢工、罢市、罢课。

世界文化遗产大三巴（上图）
大三巴牌坊是澳门的标志性建筑，形状像中国古代的牌坊，建筑风格者是典型的欧洲风格。2005年，大三巴被联合国教科文组织定为世界文化遗产。

澳门渔人码头（下图）

137

公元1918年

中国大事记

7月8日，陈光甫、钱新之等发起成立上海银行公会。

开满鲜花的古炮台诉说着过去的故事

历史文化百科

〔最早的国产啤酒〕

1915年，北京双合盛生产的第一批"五星牌啤酒"是中国最早的国产啤酒。第一次世界大战爆发后，欧洲的啤酒不能运到中国，侨居俄国的华裔张廷阁出资20万元在北京广安门车站旁开办"双合盛"啤酒厂。这是中国人开办的第一家啤酒厂。酿酒所用的大麦由中国本土生产，啤酒花则由外国进口。啤酒厂所用的水为京西玉泉山的泉水，水质轻、甘甜、味美，一直为清宫御用水。"五星牌啤酒"出厂后，由于价格低廉，口感不逊于洋啤酒，很快就成为市场上的畅销产品。1937年还在巴拿马国际博览会上获奖。

澳门殖民当局被迫让步

正当澳门殖民当局惶惶不安时，广州发生了陈炯明叛乱，孙中山和军政府忙于应付，无暇他顾。澳葡总督史利华等以为有了转机，大喜过望，岂不知此事因为传媒遍及，内地各界风起云涌的声援仍是如火如荼。10月底，北洋政府在舆论呼吁下，也照会葡萄牙驻北京公使，就血案严加交涉，口气颇为强硬。

三罢斗争持续了半年，整个澳门地区经济陷入低迷，商务凋落，显得死气沉沉。史利华只得无奈作出让步，最终答应公团提出的条件：向死难者家属和受伤者发放抚恤金，准予超度亡灵，取消所谓"镇压乱党"名目，允许公团重新活动。 ▷盛巽昌

公元1918年

世界大事记：8月13日，日本发表出兵满洲里宣言，宣布中日共同防敌开始，并派兵入驻中东铁路。

宋庆龄《广州脱险》施士明
《未授衔的元帅叶挺》
宋庆龄 叶挺　勇敢 坚强
人物　关键词　资料来源

〇四三

宋庆龄脱险

宋庆龄在生死关头，临危不惧，显示出中华女性固有的大智大勇。

1922年6月15日，粤军总司令陈炯明终于露出了叛变的真面目。他命叶举、洪兆麟率部围攻广州观音山总统府及孙中山宋庆龄居住的粤秀楼。叛军做好了充分准备，甚至还给每名官兵发放有蓝白相间的佩带，以便黑夜里识别。

扮医生，孙中山脱险

这天凌晨2时，孙中山得到警卫营长叶挺和团长陈可钰的紧急报告，叛军已整装待发，正向观音山进逼。孙中山连忙叫醒还在熟睡的宋庆龄。

孙中山说："我已接到紧急电话，陈炯明的部队即将进攻，我们必须立即动身去一艘炮舰，我要在舰上指挥，抵抗叛乱分子。"他担心宋庆龄安全，要她先走。宋庆龄却要孙中山先走，她再三恳切地说："只有你脱险，才能行使总统权力，扫平叛乱。"但是孙中山却要坚守总统府，以身殉国。宋庆龄急道："中国可以没有我，而不可以没有你。你先走吧。"

经再三劝说，孙中山才在秘书林直勉和参军林树

孙中山、宋庆龄在永丰舰上（上图）
1922年，陈炯明命令部下炮轰观音山总统府，孙中山、宋庆龄冒着枪林弹雨脱险，转移到永丰舰上。第二年两人重登永丰舰，并留影为念。

巍陪同下，裹上一件白布长衫，架上墨镜，打扮成医生，离开粤秀楼，在途中多次被叛军盘问，他们说是去病人家赶急诊，几经波折，逃脱虎口，才来到天字码头，登上了江防司令陈策派来接应的宝璧舰，后又转坐永翔舰和永丰舰。

坚守粤秀楼

孙中山离开粤秀楼半个小时后，叶举、洪兆麟率两万人马，兵分三路，包围了总统府，炮弹枪子如骤雨一般射向总统府。总统府尚留有警卫团的两个营即薛岳的第一营和叶挺的第二营，但在半山腰的粤秀楼，只有孙中山留下的保护宋庆龄的50多名卫队。而叛军占据山上，居高临下，左右夹击，而且组织士兵对着住处大声叫喊："杀死孙文！杀死孙文！"

清晨，叛军用野炮猛轰粤秀楼。宋庆龄的浴室被猛烈的炮火炸毁，卫士也牺牲三分之一。而宋庆龄仍是从容不迫，指挥战斗。

过了些时候，宋庆龄感到孙中山已经脱险，不必再作牵制叛军注意力了，在卫队长姚观顺和卫士们的劝说下，宋庆龄由两个卫士保护沿着粤秀楼通向总统府的那条桥梁式的小道匍匐爬行。这时叛军的火力仍不断地射来，飞来的子弹从他们耳边呼啸而过。有两次子弹掠过

139

公元1918年

中国大事记

8月31日，广州军政府政务会议通电否认北京新国会有选举总统之权。

孙中山为蒋介石所著《孙大总统广州蒙难记》作序

> 陈逆之变介石赴难来粤入舰日侍余侧而筹策多中禁与余及海军将士共死生艰危始为实录亦直其举举大者其详乃未遑更仆数余非有取於其溢词僅冀掬诚與国人相见而已余之知人之鉴不及豫寝逆謀而辛以長亂詒禍賊敗至今為烈則兹編之纪亦聊以志吾過且以於吾海軍及北伐軍諸將士之能為国不顧其私其视於世功罪何如也民国十一年雙十節孫文序於上海

个朋友家。

这一夜，通宵枪声未断，间隙还听见兵舰传来隆隆炮声，她听了，心里宽心了，因为炮声证实孙中山脱险后在炮舰上指挥了。

次日清晨，宋庆龄依然一身农妇装扮，被护送到沙面，由一位翻砂工人安排了一条船，送到岭南大学校长钟荣光处，又由钟荣光和一个曾任孙中山顾问的美国人的帮助，用他的汽艇，送她上了永丰舰。

宋庆龄回到了孙中山身旁。

6月25日，宋庆龄遵照孙中山之命，经香港到上海。她在6月28日至29日的上海《民国日报》发表了《广州脱险》，揭露陈炯明叛变真相。 ▷盛巽昌

孙中山和宋庆龄（右图）
外人多称孙中山为"孙博士"，但孙中山从未获得过博士或荣誉博士头衔。

了她的鬓角。

这条不长的小道，宋庆龄一行人竟走了几个钟头，才进入总统府后花园。

半小时后，那条桥梁式小道被炸毁了。

经生死孙宋会面

这时，总统府处于激烈的战斗中，叶挺据守在后门指挥将士阻击，他命令速速护送宋庆龄从门外撤出。不料当宋庆龄等刚要出门，又遇到叛军，叶挺见了立即要他们先卧倒，然后让卫士扛来一箱银元，向门外两旁撒去，说时迟，那时快，趁着叛军抢拾银元时，宋庆龄头戴大帽子，身披雨衣，由卫士保护，冲出大门，越过马路，穿入了一条小巷里。

奔跑了好一阵，宋庆龄已经精疲力竭，再也走不动了，她怕拖延众人，请求卫兵把她击死。卫士们哪肯答应，就一边一个架着她向前奔走。叶挺等人在后边警卫、掩护。

正走着，前面的路又被一撮从小巷穿出来的叛军切断，并朝他们射击。叶挺立即让他们伏地躺下，叛军以为都射中，就往别处走了。

后来，宋庆龄经过一个小村，稍事休息后，到了一

> **历史文化百科**

〔妇女发型〕

辛亥革命以来，妇女头型盘为发髻，年轻姑娘多留辫子，大城市上层妇女非常讲究发型，据不完全统计，相当长时期，还出现了"燕尾髻"、"蝴蝶顶"、"蜗牛髻"、"子母结"、"葵花红"，以及仿日本、朝鲜妇女的"东洋髻"、"高丽髻"等二十余种发型。由此也出现了专门梳理发髻的行业。

但发髻多有弊端，头发长且密，易染垢不易清洗，每天梳理清洗，耗费很多精力和时间，随着社会时俗改革，都市妇女社会化，盘发髻极不便利。1918年，上海、汉口的知识界妇女开始剪发。当时上海妇女联合会号召剪发，各女校师生纷起响应，延及全国。1919年，北京孔德学校还通令全校女生一律剪辫。随之知识界又提出"男子去长衫，女子去裙子"，以至五四时期，多数城市女性，特别是剪辫子的女学生，乃以白运动帽，宽松短袖的白衣衫，不带花纹的黑长布裙为流行服装。

公元1918年

> **世界大事记**
>
> 8月18日，协约国发表武装干涉苏俄远东地区宣言后半个月，本日日军在海参崴登陆。

141

公元1918年

> 中国大事记：9月5日，上海永安百货公司开业。

○四四

邓小平巴黎办刊

邓小平远赴巴黎勤工俭学，寻求救国真理，终于走上了职业革命家之路。

一名熟练的钳工

1920年10月19日，16岁的邓小平，历经39天的海上航行，到达法国马赛港。他是由四川广安老家前来法国勤工俭学的。

邓小平先后到过法国不少工厂。他在诺曼底巴耶中

留法勤工俭学时的邓小平
1925年5月邓小平在法国里昂时，把这张照片送给柳圃青。1965年，柳又把它赠还邓小平。当年，邓小平送的照片背后还有他写的字："圃青兄惠存 希贤赠 一九二五，五，二十三日 里昂"。

学学习四个多月后，就来到克鲁梭市施奈德钢铁厂做了二十几天的学徒工，以后又在巴黎几个工厂做工，其中时间最长的，就是夏莱特市的哈金森橡胶厂。哈金森工厂很有点名气，据说它的厂房是由埃菲尔铁塔设计者古斯塔夫设计的。此时法国经济已出现转机，许多工厂也开始恢复生产，招收工人。邓小平被分配到制鞋车间制作防雨用的套鞋。他眼明手巧，动作干脆利索，很快就适应了。通常人一天制作十几双鞋，他却能完成二十多双。

在哈金森工厂当工，是为了多挣钱，再走俭学之路。可是当他辞职来到夏狄戍中学时，却为学费过高，而望门止步。后来他又进入巴黎附近的雷诺汽车厂当学徒、学钳工。这是他到法国勤工俭学几年来，从事的唯一一项带有技术强度的活，还可以接触到设计图纸和简单的工艺技术。这一段经历，以至四十多年后，当他被下放到江西新建拖拉机修造厂参加劳动，又重新当一名钳工时，

> **历史文化百科**
>
> 〔留法勤工俭学〕
>
> 留法运动始于1912年，当时称"留法俭学"。一战时期，蔡元培、李石曾、吴玉章等人于1915年6月发起"留法俭学会"，翌年又于法国成立"华法教育会"，以蔡元培为会长，宗旨为"勤于作工、俭以求学以进劳动者之智识"。此后在北京大学、保定育德中学和蠡县三处设立预备班；还在京沪穗湘等地设立分会，此后见于一战后期和结束，法国劳力奇缺，而中法货币汇率顺差（战前一银元可兑23法郎，1920年竟为15法郎），以至留法学生迅速递增。据统计，留法学生在1919-1920年共达1670人，以湘粤川为最，另加官费、半官费、自费，总数为四千余人。其中就有周恩来、朱德、邓小平、蔡和森、向警予、李立三、王若飞、李富春、聂荣臻、赵世炎、李维汉、许德珩、曾琦、张继、朱家骅、徐悲鸿、张道藩等。

142

公元1918年

世界大事记：本年，英国施行有条件普选，约500万女性首次获得投票权。

人物：邓小平
关键词：勤奋 爱国
资料来源：《伟人之初 邓小平》刘建华 刘丽生 《邓小平珍闻》武市红等

《赤光》

由旅欧少年共产党机关刊物《少年》改名而来。邓小平、李大钊刻蜡板，李春富负责发行。

干起活儿还是那样得心应手，熟练如旧。

油印博士

1922年6月，中国勤工俭学学生十八名代表，分别从德国、比利时和法国各省前来，聚集巴黎郊区布罗尼森林举行会议，建立了"旅欧中国少年共产党"。

8月，旅欧中国少年共产党机关刊物《少年》正式出版。

1923年2月，旅欧中国少年共产党更名为旅欧中国共产主义青年团。6月在青年团第二次代表大会上，邓小平开始参加支部工作。会上还决定改《少年》为《赤光》。

邓小平参加了旅欧中国共产主义青年团，并成为编辑部的一个成员。每天离开工厂后，便匆匆赶到位于巴黎戈德鲁瓦大街17号的编辑部，在昏暗的灯光下，紧张地工作。当时，《赤光》主持和主要撰稿人是周恩来，参加编辑部工作的还有李富春、李大章、傅钟等人。每当夜幕降临时，他们就挤在狭小房间里开会、讨论、写稿、誊刻、油印和装订。饿了，就吃两片面包；渴了，就喝上几口自来水；困了，就在地铺上稍事歇息。为了保证《赤光》能按时出版，

旅欧中国社会主义青年团合影

1924年7月，出席中国社会主义青年团旅欧区第五次代表大会代表在法国巴黎合影。前排左四为周恩来，后排右三为邓小平。

公元1918年

中国大事记: 11月16日,第一次世界大战结束,北洋政府发布停战令;同月23日,广州军政府发布停战令。

《赤光》影响深远

邓小平在《赤光》上用邓希贤本名和化名写了不少文章。后来他回忆说:"我在《赤光》上写了不少文章,用好几个名字发表。那些文章根本说不上思想,只不过就是要国民革命,同国民党右派斗争,同曾琦、李璜他们斗争。"

曾琦、李璜后来组织青年党,附和蒋介石国民党。

《赤光》一共出版了三十三期,到1925年止,它在勤工俭学和华工、华人中很有影响。邓小平也把《赤光》寄回四川老家。后来,他的弟弟邓垦回忆说:"他在法国参加革命后,曾在周总理的领导下办一份杂志《赤光》。他经常往家里邮寄,寄了七八期。我当时才十几岁,还在念小学,只看到封面上有光身子的小孩,里面内容看不太懂,到我念中学后,逐步看懂了,什么帝国主义侵略、劳苦大众、劳农政府、翻身解放、苏维埃、人人平等、为穷人谋利益等等,我后来去上海找他,参加革命,最早受的影响就是大哥寄来的《赤光》。" >盛巽昌

哈金森橡胶厂胶鞋生产车间
1922年,邓小平在此做了八个多月制鞋工。他每天可以做二十多双防雨用的套鞋,一天可挣十五六个法郎。

莫斯科大学旧址
1926年1月,邓小平和傅钟、李卓然、邓绍圣等十余人乘火车离开法国,先进入莫斯科东方劳动者共产主义大学,不久转入中山劳动大学学习。他的俄文名字叫多佐罗夫,学生证号码是233。

通常是周恩来写完或修订一篇,邓小平等就赶紧接过来誊刻、油印一篇。通宵达旦,彻夜不眠。

邓小平刻蜡纸相当认真,一丝不苟。他因童年时练得一手好字,10岁就能写得大红春联,书法颇有些根基,以致所刻字体匀称工整、刚劲有力、美观大方,油印、装订也完成得十分干净利落。每期刊物推出后,大家对此都赞不绝口,由此他被誉为"油印博士"。

公元1918年

> 世界大事记：本年西班牙感冒在世界各地横行，全世界约2500万人死于这场灾难。

人物：刘少奇
关键词：坚定 爱国
资料来源：朱云《刘少奇的故事》《中共党史事件人物录》

○四五

刘少奇赴安源

刘少奇在安源开展工人运动，点燃了蕴藏在安源山下的熊熊烈火。

莫斯科白雪皑皑，银装素裹。东方大学的礼堂里却温暖如春，热闹非凡，来自东方国家的留学生们正在这里欢度1922年元旦。

从扮演工人到工人领袖

中国班的同学演的是一出独幕剧，反映资本家、军阀如何剥削工人，工人如何进行英勇反抗的故事。在分配角色的时候，大家抢着扮演资本家和军阀，认为演这些人在舞台上可以神气活现、耀武扬威。刘少奇却偏偏选了一个工人代表的角色，他决心展现工人代表一身正气，大义凛然的英雄气概。元旦演出十分成功，演出结束后，同学们说刘少奇把工人代表演活了，而刘少奇却认为自己舞台上演的角色与生活中的工人还有不少距离。

在临毕业的时候，学校要求每人填写一张表。表上有一栏："你愿意从事何种工作？"也许是因为曾经扮演过工人代表的缘故，刘少奇毫不犹豫地填写："工人运动。"刘少奇自己也没有想到，半年以后，他不但从事工人运动，而且由戏里的工人代表成为真正的工人领袖了。

工人生命不如牛马

1922年8月，中国工人运动风起云涌，中国共产党决定从留学生中调一批人回国领导工人斗争，刘少奇被选中了。中国劳动组合书记部（中华全国总工会的前身）分配刘少奇到自己的家乡湖南工作，担任中共湘区执行委员会委员，当时毛泽东担任书记。

有一天，江西安源路矿的工人领袖李立三向中共湘区委员会汇报工作，提出派一个得力干部到安源，加强对安源路矿工人运动的领导。毛泽东当时是负责湘赣工农运动的党的区委委员，他考虑再三，建议区委派

刘少奇和安源矿工（侯一民绘）
刘少奇由工人护送前去谈判。他说："不从磋商条件入手，无解决之希望。"

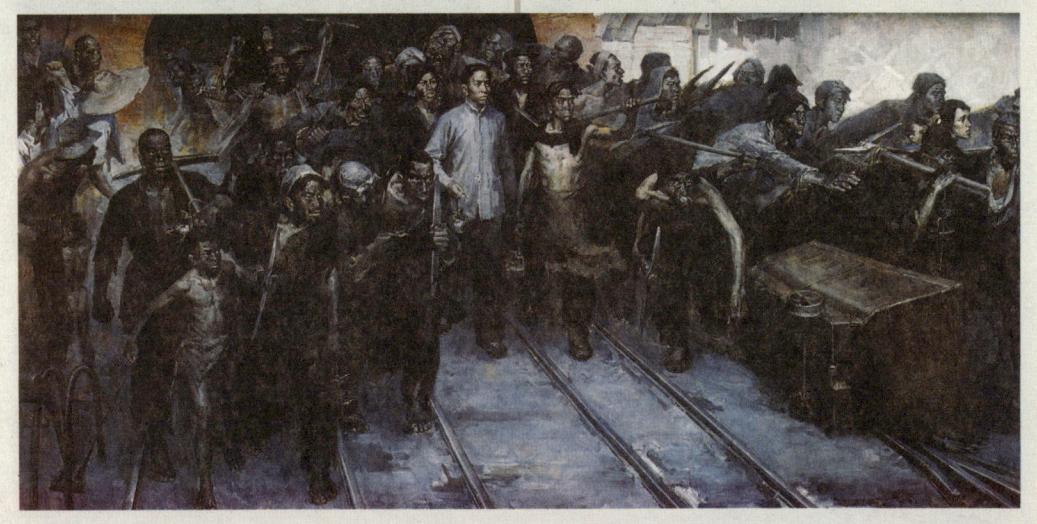

145

公元1918年

中国大事记

11月2日，美日双方签订《蓝辛—石井协定》，美承认日在华有特殊利益，日表示对于他国在华商业不加歧视。中国外交部随即声明，不承认《蓝辛—石井协定》。

电影《燎原》海报

刘少奇到安源去。毛泽东认为，要加强对安源路矿工人的领导，刘少奇最合适。毛泽东说："刘少奇到湖南来以后不过两个月就领导了长沙织造工人和泥木工人的罢工斗争，他完全能够将安源路矿工人的火给烧起来！"

刘少奇离开长沙的前夜，毛泽东约他到自己的住地清水塘谈心。毛泽东向刘少奇介绍了安源工人运动的情况并谈了自己的想法，刘少奇频频点头。第二天一早，刘少奇顾不上休息，风尘仆仆地踏上了赴安源路矿的征程。

1922年9月11日，刘少奇来到安源。安源路矿是安源煤矿和株萍铁路的合称。无论是地上还是地下，安源永远在劳作。夜幕下的安源，到处是机器不疲倦的轰鸣声和工人们悲凉的号子声。

安源路矿的工人深受帝国主义、军阀和资本家的重重剥削，没日没夜地漆黑的矿井下工作，报酬却只有二十六七枚铜元。当时的工作条件非常艰苦，矿难时有发生，矿里规定，每死一个人，矿上发16个大洋，而当时一匹马就要卖60个大洋，工人的生命连牛马都不如。

1922年9月初粤汉铁路，汉阳铁厂工人纷纷罢工，安源路

安源路矿工人俱乐部首届工人总代表等合影
9月18日，安源路矿两局被迫答应罢工工人提出的条款，工人俱乐部召开罢工胜利庆祝大会。会上选出李立三（二排右七）、朱少莲、刘少奇（二排右六）为总代表。

公元1918年

世界大事记

11月9日，德国社会党宣布德意志为共和国，德皇逃往荷兰。

矿工人受其影响，纷纷议论准备罢工。

"从前是牛马，现在要做人"

刘少奇与李立三在安源会合后，立即召开党员会议，讨论罢工问题。对于如何罢工，大家七嘴八舌，意见不统一，希望刘少奇谈谈看法。刘少奇说："汉阳铁路工人和粤汉铁路工人罢工都取得了胜利，说明工人运动已经出现了高潮。我们安源工人要行动起来，地上跑不了车，地下出不了煤，资本家就害怕和发愁。"最终，李立三、刘少奇和多数工人代表意见一致，认为罢工时机已经成熟，决定起义。

安源路矿有1万多工人，刘少奇要求大家做到不伤一人，不败一事，尽可能减少罢工的不利因素。刘少奇说：

萍矿总局、株萍铁路与安源路矿工人俱乐部签订的协议
安源路矿工人在刘少奇等人的领导下举行了声势浩大的罢工运动，提出保障工人权利、增加工资等十七项条件。刘少奇被选为工人代表与路矿当局进行谈判。最终当局被迫答应了工人们的大多数要求。

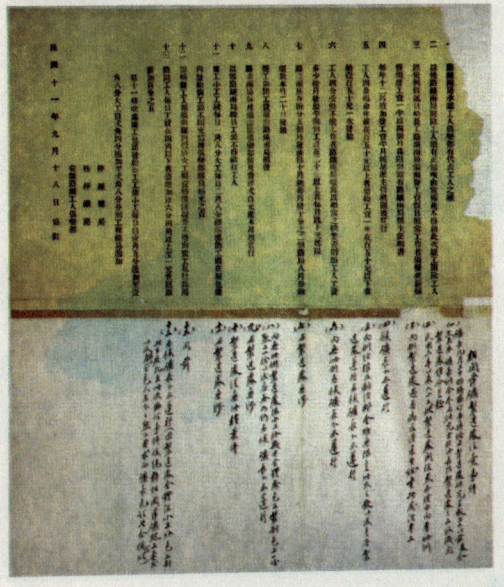

"听说这里有个叫'洪帮会'的流氓组织，势力很大？"大家说是，还说一旦发动罢工，这个组织极有可能破坏和捣乱。刘少奇分析说："帮会组织既有破坏和反动的一面，也有讲义气、可以利用的一面。我们要化不利因素为有利因素，使他们不要成为罢工的障碍。"大家认为刘少奇讲得有道理，只要方式得当，有可能做好帮会工作。如果帮会配合，罢工斗争的组织准备工作就顺利多了。

经过商定，确定了罢工的口号："从前是牛马，现在要做人"。还决定由李立三担任罢工的总指挥，刘少奇担任工人全权代表。有工人骨干分别到工人中去发动工作。帮会方面的工作，由李立三负责。

第二天一早，李立三提着一只大公鸡和几瓶酒来到帮会头目家里，开门见山地说明了来意，希望工人罢工期间，帮会予以配合，不要捣乱生事。帮会头目见他亲自来访，认为够朋友，一口答应了李立三的要求。

万事俱备，只欠东风。蕴藏在安源山下的地火开始涌动、翻腾。9月13日午夜12点，刘少奇、李立三一声令下，安源路矿工人大罢工开始了。 ▷李强

▷ **历史文化百科** ◁

〔莫斯科中山大学〕

中山大学全称中国劳动者中山大学（简称中大），系联共（布）为帮助中国培养干部创办。1925年10月7日，苏联顾问鲍罗廷在广州宣布苏联创办中山大学的决定，取名"中山"，以纪念孙中山。1925年11月开学，学生系由广州革命政府选拨的国民党员、共产党员和其他青年精华，后因多数学生未赶到，1926年才举行开学典礼。学校以速成培训，学制为两年。1927年7月26日，国民党声明与中山大学脱离关系，撤回保送学生。此后，中山大学并入东方大学中国班，翌年改名为中国劳动者共产主义大学（简称劳大）。

中大和劳大先后办了四期，共培养学生一千二百多名。1930年停办。

首批学生有张闻天、王稼祥、乌兰夫、伍修权、李培芝、李伯钊和俞秀松等三百余人，邓小平、蒋经国亦曾是该校学生，且是同班同学。

公元1918年

中国大事记：11月23日，北京政府教育部公布《注音字母表》，计39个字母，其中声母24、介母3、韵母12。

〇四六

朱德在德国

1922年，对滇军旅长朱德是一个大转折。他几经波折，终于在德国加入了中国共产党。

脱下军装的朱德（中图）
1923年，朱德在德国哥廷根留学时留影。他在这座4万人的小城买了许多德文军事书籍，其中包括一套一战历史的报纸汇编，并做了精心研究。

出川寻找真理

1922年，朱德打算出国寻找真理。就在此时，他接到老友孙炳文自北京来信，信里说去年中国共产党成立，目前周恩来正在法国筹建中共旅欧支部，又说他本人也在办理旅欧手续。

朱德读了信，心里大喜。他离开昆明先到妻子的故乡南溪，其间，他读了《新青年》、《新潮》、《少年中国》等进步刊物。这时，川东军阀杨森发来电报，请他前去做客。

朱德正要出川，就顺道来到重庆杨森处，正好刘湘也在。刘湘和杨森听朱德说要出国，两人力加劝阻。

杨森说："老兄是四川人，早该离开滇军了，现在川军正好空缺一名师长，不知能否低就？"

刘湘说："四川是天府之国，何必跑到欧洲去呢。"

但他们见朱德去意已决，也不好勉强。

翌日，朱德登上江轮在汽笛长啸声中出了夔门。

奔波于上海、北京间

1922年6月，朱德到了上海，就去拜访中共中央局书记陈独秀，请求参加中国共产党。陈独秀先是以貌取人，认为朱德外貌黑黑的，颧骨太高，其貌犹如田舍翁看不上眼；在稍作谈话后，又认为他曾是国民党员，还是西南秘密社团哥老会的成员，太复杂了，旧习气太浓了。不久朱德因为身体不适，暂时住进了医院。他的朋友陆夫岩时来看望，并带来朱德所喜欢读的书刊，从书刊中朱德知道上海各产业工会的活动如火如荼。出院后，朱德每天到工厂或在工人聚居区奔走。

不久，朱德乘火车，赴北京寻友人孙炳文。

朱德的到来，令孙炳文欣喜万分。他们先是通过原云南陆军讲武堂督办、农林总长李根源帮助，顺利地办好了出国护照。几天后，两人又返回到了上海。

在上海，朱德、孙炳文见到了孙中山，并作了一番长谈。

远涉重洋去法国

同年9月初，朱德和孙炳文等人，登上法国邮船"安吉尔斯"号离国。船行四十余天，终于到达了法国马赛港。他们从留学生处，很快就打听到中国共产党旅

朱德骑马时的英姿
1916年，护国战争结束后，朱德在四川泸州驻防，时任护国军队长（团长）。在护国战争中，锻炼了指挥才能。他说："打大仗我还是那时学出来的。我这个团长，指挥三四个团一条战线，还是可以的。"

148

公元1918年

> 世界大事记
>
> 11月11日，德国与协约国签订《康边停战协定》，德国投降。第一次世界大战结束。

人物：朱德
关键词：博学 爱国
资料来源：金冲及《朱德传》、朱德《朱德自述》

欧支部，但支部负责人周恩来却已去德国柏林了。

朱德等人立即赶往柏林。在柏林，他们叩开了周恩来住所的门。那年周恩来二十四岁，朱德已是三十六岁了。

周恩来仔细聆听朱德寻求革命所走过的曲折经历，包括他在这一年里的四处奔波。

在这六个日日夜夜里，他们无所不谈，情趣相投，相当融洽。朱德和孙炳文提出了要加入中国共产党的请求。周恩来当即表示，愿意做他俩的入党介绍人。

勤学德语，走遍德国

朱德听不懂德语。而只有懂得德语，才能在本地工作、生活、交流情感。

他为了通过语言关，先是买了一张柏林地图，那地图对街道以及主要商店楼房都标得清清楚楚。朱德就拿着地图出去转，按图问津，与人交流。因此他德文学得快，还认识了很多街道、商店楼房，成了"柏林通"。几个月

三峡帆影

后，他就可以用德语与人交流了，又因常常外出旅行，他买了一张火车月票，几乎把德国主要城镇跑遍了，学校博物馆、图书馆、大餐馆，以及若干对外开放可以进出的厂矿，他都要进去看看，议会开会也进去旁听，还走访普通人家，有时聆听歌剧、音乐剧。尤其是旅行时他带着军事眼光，一到那里，就看地形，琢磨如何排兵布阵。此番旅行对于朱德一生都有极为重要的意义。 ＞盛巽昌

北洋军阀统治时期的战争 (1912.4–1928.6)		
	战争	战争结果
袁世凯统治时期 (1912.4–1916.6)	二次革命	袁世凯因江西李烈钧等国民党人武装独立，挑起战争
	护国战争	袁世凯妄图称帝，蔡锷等发动护国战争，后因袁世凯病逝而结束
皖系段祺瑞时期 (1916.6–1920.7)	1917年张勋复辟战争	因黎元洪、段祺瑞不和，段煽动张勋北上，后又在"马厂誓师"讨伐张勋。张勋战败下台
	1918年南北战争	段以皖军、直军（北军）南下湖南，谋统一西南，与湘、桂军（南军）冲突
	1920年直皖战争	皖系惨败，段祺瑞被赶下台，直系军阀开始执掌北京政权
直系曹锟吴佩孚时期 (1920.7–1924.10)	1922年第一次直奉战争	六天结束，张作霖败回关外
	1924年江浙战争（齐卢战争）	卢永祥失败，被赶出浙江
	1924年第二次直奉战争	冯玉祥倒戈，吴佩孚兵败，张作霖入主北京
临时执政府和摄行执政时期 (1924.10–1927.6)	1926–1927国民革命军北伐战争	冯玉祥北京政变，与张作霖成立临时执政府，取代总统府，拥段祺瑞为临时执政。1926年3月段引退，由国务总理摄行执政
奉系张作霖时期 (1927.6–1928.6)	1928年国民革命军继续北伐	张作霖为对抗北伐，成立中华民国军政府（安国军政府），自称军政府陆海军大元帅

149

公元1919年

中国大事记

1月1日，北京大学学生傅斯年、罗家伦等组织新潮社，创办《新潮》月刊，出版新潮丛书。

○四七

"二七"大罢工

"二七"大罢工，展现了中国工人团结的力量。他们用鲜血和生命谱就了悲壮而绚丽的诗篇。

发生在1923年2月初的"二七"大罢工，是在中国劳动组合书记部领导下，京汉铁路工人高举"打倒帝国主义"、"打倒封建军阀"旗帜，为争取成立京汉铁路总工会和工人阶级政治权利而进行的斗争。它的主要领导成员是张国焘、罗章龙、包惠僧、项德隆、李震瀛等人。最后，它以军阀吴佩孚的血腥镇压告一段落，但是，它使中国工人运动的第一次高潮达到了顶点。

"二七"烈士林祥谦（左）施洋（右）

两人都是"二七"大罢工时的工人领袖，被捕后，吴佩孚对他们软硬兼施，但两人不为所动，最终壮烈牺牲。

军阀阻挠大会成立

1923年1月5日，京汉铁路总工会筹备委员会在全国工人运动中心郑州召开会议，决定在2月1日举行京汉铁路总工会成立大会。

1月底，大会代表及中共中央派出的中央执行委员和陈潭秋、包惠僧、李汉俊、罗章龙、林育南、项英、史文彬等相继来到郑州。

曾经发表通电"保护劳工"的直系军阀吴佩孚一反常态，下令禁止召开成立大会，并派出大批军警进行阻挠和破坏。

2月1日上午9时，李震瀛带领各路代表及郑州机厂工人一千多人，由音乐队前导，抬着"劳动神圣"等十几块匾额，浩浩荡荡进入普乐园剧场。这时，会场已被一营武装士兵及警察包围。大家奋力冲进会场，并由大会主席、郑州铁路工会委员会、共产党员高斌宣布开会。

在军警干扰的情况下，李震瀛宣布京汉铁路总工会正式成立，还带领大家高呼："京汉铁路总工会万岁！"斗志昂扬的代表和工人们与军警展开了斗争，直到下午4时，大会被迫结束。

不许破坏一草一木

会后，军警们立即包围了代表们的住所，强行封闭并捣毁京汉总工会和郑州分会会所，勒令所有代表离开郑州。

当天晚上，京汉总工会执委会召开秘密会议，决定全路自2月4日中午12时起实行总罢工，要大家"为自由作战，为人权作战，只有前进，决无后退！"

三万多工人大罢工，使一千二百多公里的铁路顿时瘫痪。罢工时，各段站工人自己组织纠察队，不准工人随便入厂，亦不许破坏路上一草一木。工人凡有重要事情外出，必须先向工会领取放行执照，才可放行。大罢工井然有序。

京汉铁路是联结北方首都，河南英国厂矿，保定、洛阳军事要地及华中政治经济中心武汉的交通枢纽。大罢工直接损害了吴佩孚及英国资本家的根本利益。曾经暂时支

江岸京汉铁路工会会员证章（左图）

公元1919年

世界大事记：1月18日，英、美、法主持召开的巴黎和会开幕，美国威尔逊总统提出建立"国际联盟"。中国代表陆徵祥、王正廷出席。

人物：施洋 林祥谦 正直 勇敢
关键词：《二七罢工斗争史话》《京汉铁路大罢工》《"二七"惨案》
资料来源：邓中夏《京汉铁路大罢工与"二七"惨案》《武汉文史资料》

《京汉工人泣血记》

本书记叙了1923年京汉铁路工人大罢工的经过，以及被镇压的过程。

持过五四运动和同情共产党的吴佩孚终究走上对立面，决定镇压这次罢工。

头可断，决不下复工令

2月7日这天，吴佩孚调动2万多军警，在京汉沿线血腥镇压罢工工人。林祥谦、施洋、高斌等52位同志壮烈牺牲，三百多人负伤，四十多人被捕，一千多人被开除。

京汉铁路总工会江岸分会委员长、共产党员林祥谦被捕后，被捆绑在车站电线杆上。湖北督军参谋长张厚生对林说："你赶快下令叫工人开工，否则杀你的头。"林祥谦说："我无权下令复工。"张转身对刽子手说："让他尝尝刀的味道。"刽子手立即在林的项上轻轻割了一刀，顿时鲜血如注。张厚生又怒问："到底下不下命令复工？"林祥谦忍痛大声说："头可断，复工令绝不可下。"张又叫刽子手砍一刀，林晕了过去。待他醒来，张狞笑着问："现在怎样？"林咬着牙齿说："可怜一个好好中国，就断送在你们军阀走狗手里！"张叫刽子手再一挥刀，林的人头落地。

当晚，军警又逮捕了共产党员、武汉工团联合会法律顾问施洋，将他杀害。

高斌等5人在郑州被捕后，被绑在车站栅栏上毒打。军警扒去高身上的棉衣，在飞雪寒风中酷刑折磨。高斌坚贞不屈，因伤势过重，壮烈牺牲。

"二七"惨案后，全国工人运动进入了低潮。第三国际曾函中国共产党予以"嘉奖"："你们的行动已经走到世界无产阶级队伍里去了。" ▷张锡昌

郑州二七纪念塔

历史文化百科

〔苏联率先选择吴佩孚〕

1922年，苏联特使越飞来华，最先看好的是吴佩孚。8月19日，越飞从北京给在洛阳的吴佩孚发去密函，予以高度赞誉："我们都怀着特别关注和同情的心情注视着您，您善于将哲学家的深思熟虑和老练果敢的政治家以及天才的军事战略家的智慧集于一身。"越飞还派他的军事顾问，苏联总参谋部学院院长格克尔将军赴洛阳。越飞向斯大林密报说"从未见过这样完美的军事秩序"。当时苏联以为找准了人。但吴佩孚一直奉行"四不主义"，即"不做督军、不住租界、不结交外国人、不举外债"，因而拒绝合作。苏联对吴绝望后，才转而支持孙中山和他的广州政府。

151

公元1919年

中国大事记　2月20日，南北议和会议在上海开幕。

○四八

临城劫车案

吴佩孚身为直鲁豫副巡阅使，迷信武力万能，妄图统一天下，可是在他肘腋之下，土匪多如牛毛，经常出现大宗抢掠和绑票活动，民众缺乏安全感。

土匪劫车绑了洋票

1923年5月5日深夜，津浦路一趟向北行驶的列车行至离山东临城3里的沙沟山时，司机发现前面长约几十丈的铁轨已被拆去了接轨的钉子，由于车速快，一时来不及刹车，前面的机车、邮车和三等客车都出轨倾覆，接着喊声四起，有一千多脑后拖着长辫子的土匪蜂拥前来，打劫财物，绑架旅客。车上除了列车工作人员，参加山东黄河官家坝堤口落成典礼的中外记者、外国旅行者以及乘客两百余人，都被作为"肉票"绑走了。

两天后，消息传到北京，英、美、法、意、比五国公使向北京政府提出了严厉的抗议，并限定3日内将所有外国人救出，否则每隔24小时赔款就得加倍。北京当局害怕洋人，把此事当做头等大事来严加督办。

抱犊崮土匪声东击西

临城劫车案的土匪头子叫孙美瑶。

孙美瑶的堂兄孙美松原是山东督办张敬尧所招抚的土匪，张在湖南倒台后，又由兵还原为匪。当时他所盘踞的抱犊崮，已被山东督军田中玉的两个旅困了18个月，缺水缺粮，十分危急，于是就向孙美瑶求救。

孙美瑶采取了声东击西的劫车计。他的目的就是：一本部收编为政府军；二帮助堂兄解抱犊崮之围，而不需要赎款。

土匪先释放了几个外籍女"肉票"，叫她们带了被绑架的上海《密勒士评论报》记者所写、全体外国人签名的一封信。信中劝告政府军切勿贸然进攻，要求和平解决。

由于北京外国使团主张讲和，山东督军田中玉等多名高官只得先后与匪首谈判。土匪自信手里有"洋票"，

开出的条件非常苛刻，北京当局和地方官难以接受，只好继续谈判。

其间，孙美瑶害怕政府军劫走外国人，就将剩下的18个人中的3人安置在山顶洞穴里，那里也关押了很多中国人质，但只允许外国人质向外联系。土匪用手绘的以抱犊崮为背景的图案充作邮票，贴在寄出的信件上，还听凭以"匪窟通信"在上海中外报纸刊登，让外国人舆论压中国政府。这虽然是雕虫小技，不过这样一耍，媒体大为兴奋，一时

民国时期的地方警察

公元1919年

世界大事记: 3月6日，共产国际（第三国际）在莫斯科成立。1943年6月解散。

人物：孙美瑶　关键词：反动混乱　资料来源：《北洋军阀统治时期史话》陶菊隐／《山东文史资料》

抱犊崮
北方山区多有山冈称抱犊崮。当母牛产子后不久，即将小牛抱上山冈，长大后即留下耕地。成年的牛是很难送上去的，故而得名。

津浦铁路的一个车站
津浦铁路是天津到浦口间的铁路，始建于1908年，1912年竣工通车，因为是借洋款并由洋人工程师设计建造，所以车站多为西式风格。

津浦铁路隧道

间，成为新闻热点。

释放人质，招匪为军

北京当局见软的不行，故意做出强硬姿态，还派出飞机绕山飞行示威。据说，上海租界的洋人，还找上青帮头子黄金荣代表几位黑道龙头大哥上抱犊崮谈判呢。方方面面都为之奔波，土匪不知就里，开始让步。这时徐海镇守使陈调元乘机出面，自告奋勇，上山谈判收编事宜，允诺保持原有人员系列，改编为一个旅，并主动送去军服2000套。土匪们被说服了。

6月2日，孙美瑶下山接受招安，全部土匪只有3000人，有枪的还不到1200人。6月13日，所有外国人质安全回到上海。

这批土匪正式被改编为山东新编旅，以孙美瑶为旅长。因为绑架外国人，孙美瑶成为当时的风云人物。但他只做了6个月的旅长，就被兖州镇守使张培荣在一次宴会上开枪打死，所部被缴械解散后，很多人仍上山聚啸为匪。　▷盛巽昌

▷历史文化百科◁

〔**中国第一只自制电灯泡**〕
中国自制电灯泡是从胡西园开始的。
1921年4月4日，他在上海家里的实验室，经过多次实验，终于制造了第一只电灯泡（长丝白炽泡），后来，他又变卖家产，筹集三万元为原始资本，在上海开始生产电灯泡。1922年11月，他又凑足资金，将德国人奥普的小型电灯泡厂全套机器收买。经过多方努力，1923年，终于使灯泡成为精良的国货，经注册登记，命名为"中国亚浦耳灯泡厂"。

公元1919年

中国大事记：5月4日，北京大学、北京高等师范、中国大学等13所学校学生三千余人，在天安门前集会，反对巴黎和会擅自决定将德国在中国山东之特权转交日本接管。

○四九

瞿秋白与《国际歌》

《国际歌》自诞生以来，一百多年里已唱遍世界五大洲。而在中国，第一个将它译为中文的是瞿秋白。

赞叹《国际歌》歌词写得好

起来，饥寒交迫的奴隶，起来，全世界受苦的人——瞿秋白长汀就义时高唱的歌就是《国际歌》，歌词是他自己翻译的。

1920年9月，瞿秋白已在俄文专修馆学习了3年。没毕业，他就谋到一份差事，以北京《晨报》、上海《时事新报》特约记者的身份担任驻苏俄莫斯科记者。莫斯科当时生活条件十分艰苦，被称为"啃黑面包"的"饿乡"。年轻的瞿秋白早就立志借俄罗斯革命民主主义文学唤醒中国人民，推动中国新文化和革命文学的发展，对于未来艰苦的生活并不在意。

瞿秋白告别了亲友，和俞颂华、李宗武踏上了北去的列车。到达哈尔滨后，由于战事激烈，列车受阻，瞿秋白一行滞留在哈尔滨五十多天。在这期间，正好赶上俄国十月革命三周年。11月7日这天，哈尔滨工党联合会集会庆祝，瞿秋白应邀参加了庆祝活动。会场里里外外挤满了庆祝的人群。会长知道瞿秋白是记者，请他坐在演讲台上。庆祝大会开始了，人群起立高呼"乌拉"，然后唱起了歌。

他们唱的就是《国际歌》。

参加庆祝大会回来以后，余音依旧盘旋在他脑海里。后来他在《饿乡纪程》回忆说：这首歌声调雄壮得很。这是我第一次听见《国际歌》。而印象最深的莫过于《国际歌》的歌词："满腔的热血已经沸腾，要为真理而斗争！""写得太好了！"瞿秋白心中暗暗赞叹。

1921年1月，瞿秋白到达莫斯科。他在俄国两年期间，考察政治、经济、社会生活。每天清晨到夜晚，几乎到处都能听到唱《国际歌》的声音，而给他印象最深的一次就是1921年6月参加共产国际第三次代表大会开幕式。这天瞿秋白应邀坐在主席台上，当执行主席季诺维也夫致开幕词后，与会者五千余众鼓掌如雷，接着就响起了动人肺腑的《国际歌》。就在这次大会期间，瞿秋白与列宁作了短暂交谈。

保持"英特纳雄耐尔"音节

1923年初，瞿秋白结束在苏俄的考察，回国后担任

江南雨燕瞿秋白
1923年，瞿秋白回国后，先后出任《新青年》、《前锋》和《向导》编辑。

公元1919年

世界大事记
英国卢瑟福首次实现人工核反应。
美国R.H.戈达德提出采用固体推进剂制造火箭，试图射入太空。

人物：瞿秋白
关键词：爱国　正义
资料来源：《中国历史秘闻轶事》张壮年　许京生《瞿秋白与鲁迅》唐玉林《陈独秀与瞿秋白》

瞿秋白与李宗吾（左图）
1920年，瞿秋白作为记者赴苏俄采访，与同伴李宗吾摄于莫斯科。

瞿秋白主编的《热血日报》（右图）
1925年6月4日创刊，主编瞿秋白，这是中共中央办的第一张日报。

中共中央宣传委员会委员，并协助编辑中央机关刊物《向导》。工作之余，他时常想起在苏俄时无处不在的一首歌——《国际歌》。当时《国际歌》的歌词在中国已有3种译本，但都不大确切，而且没有与原歌的曲谱配译，所以不能上口歌唱。为了使《国际歌》成为中国广大劳苦群众的歌曲，瞿秋白决定根据《国际歌》曲谱重新配译中文歌词。

为了使词曲完美配合，瞿秋白没有意译。他直接将原文写到谱子上，尽可能使词曲和谐地融为一体。瞿秋白既懂乐谱，也会弹风琴，他就一边

瞿秋白参加共产国际代表大会
1921年6月至7月，瞿秋白参加了共产国际第三次代表大会的工作。后排左二为瞿秋白。

翻译，一边弹唱，苦心斟酌，几经修改，但译到了international一词时，却难住了，因为它如果直译，将成为"国际一，就一定要实现"，那是很难唱的，唱出来拖拉，达不到高亢、雄壮的效果。他站起来，在室里来回走动，脑海里神往当年在哈尔滨、莫斯科多次高唱《国际歌》，在唱到"international（英特纳雄耐尔）"，是多么气势磅礴的旋律啊！瞿秋白浮想联翩，顿生灵感，又坐在风琴边，重弹这段曲谱，觉得歌词原音和曲谱非常和谐、悦耳，经再三斟酌，决定用音译替代"国际"一词。《国际歌》就这样第一次被完整、准确地翻译了出来并与曲谱相得益彰。后来，他向曹靖华介绍道："'国际'这个词，在西欧各国文字里几乎是同音的，现在汉语用了音译，不但能唱了，更重要的是唱时可以和各国的音一致，使中国劳动人民和世界无产者得以同声相应，收万口同声、情感交融的效果。"

不久，瞿秋白将译出的词和简谱发表在1923年6月15日的《新青年》复刊号上，并在歌词前写了一个序："此歌

公元1919年

中国大事记

5月28日，孙中山在沪发表《护法宣言》，主张和平救国。

宋庆龄手书《国际歌》

自1870年后已成一切社会党的党歌，如今劳农俄国采之为'国歌'。"从此以后，《国际歌》在中国社会上传唱开来。瞿秋白是入乐的《国际歌》中文歌词的第一个翻译者。直到今天，我们还是唱"英特纳雄耐尔就一定要实现"。

唱《国际歌》找同志

《国际歌》在大革命时期不胫而走。

工农兵都喜欢唱《国际歌》，即使是缺乏文化、不识字的劳苦大众也会唱《国际歌》。

《国际歌》在中国工农红军、赤卫队员里更是非常流行。人们有时还因为能唱《国际歌》，视为革命战友、同志、志同道合者，也就是说凭《国际歌》熟悉的曲调，能给自己找到同志和朋友。

1928年1月，毛泽东率领的红军在宁冈又打了一次胜仗，还俘虏了三百名白军士兵。这天晚间，看守俘虏的红军军官陈士榘忽然听到俘虏群里有人唱《国际歌》，令他惊奇的是唱得一字不差，且吐字清晰，音调准确，很有功力。经查问，这个俘虏叫谭甫仁。谭甫仁是在参加南昌起义后，所在队伍被打散，误投敌营当兵而被俘的。还说，这首《国际歌》是北江农军学校校长朱云卿面授的。也是巧中有巧，当时朱云卿正好是红一师的团长，经陈士榘联系谭甫仁见到了朱云卿，也使自己回归革命队伍。

1931年宁都起义前夕，起义负责人赵博生派袁血卒赴中央苏区向朱德和原在西北军工作的刘伯坚通报情况，请示以何时起义为宜。袁星夜赶去，却在进苏区时被赤卫队员当作敌探逮住，他虽百般辩解仍无效果，情急之中，他想起了唱《国际歌》，这才使赤卫队员相信他是自己人，护送他到瑞金，见到了毛泽东、朱德等人。

这是因为白军官兵是不懂得《国际歌》的，在国民党军政圈子里明令严禁唱这首歌。 ▶盛巽昌

▶ 历史文化百科 ◀

《国际歌》最早的中译者

《国际歌》最早的中译者是郑振铎、耿济之。1920年秋，他俩从一本俄文《赤色的诗歌》发现了这首歌，由耿济之口译大意，郑振铎用中文笔述。这首《第三国际党的颂歌》分九段，前两段是：

起来罢，被咒骂跟着的，
全世界的恶人与奴隶；
我们被抗乱的理性将要沸腾了！
预备着去打死战吧！
我们破坏了全世界的强权，
连根的把他破坏了。
我们将看见新的世界了！
只要他是什么都没有的人，
他就是完全的人。

它发表在1921年5月27日《民国日报·觉悟》，但是作为诗歌样式的，不适宜唱。

公元1919年

世界大事记：6月14日，美国飞行员首次完成人类不间断飞越大西洋的壮举。

○五○

海上名家王一亭

号称白龙山人的王一亭和日本有四十年的经济、文化往来，尤其丹青艺术在日本享有声誉。他曾以粮食赈济日本大灾，可到头来日本却是恩将仇报。

人物：王一亭　**关键词**：仁爱 尊严　**资料来源**：萧芬琪《中国名画家全集·王一亭》

与吴昌硕并称"海上双璧"

王一亭（王震）是民初海上的大实业家和大画家，曾出任沪南商务公会首任会长，并两次当选上海总商会会长。他的画作更是和吴昌硕并驾齐驱，时人把他俩并称为"海上双璧"。

名师出高徒。王一亭绘画宗任伯年，因他的画绘得好，别有海派风格，朋友多前来索画，却不付给润笔，他哭笑不得，自嘲此举为"白弄"，后来干脆就以谐音"白龙山人"为号，时时在书画卷上落款。但也有人说"白龙山人"之称，因他本系浙江湖州人，世居城北白龙山。无论如何说，他自己心里有数，凡落款"白龙山人"的书画，价格较便宜，而款识为"吴兴王震"、"吴兴王一亭"本名的，定价就要昂贵些。

从1917年开始，王一亭从经营实业向作画转移。他说："五十后习禅，每日写佛一幅。"他因多年在日清轮船公司做买办，与日本商务往来频繁，所绘佛像也渐渐沾染了日本禅画的韵味，因而受到日本朝野的欢迎，并多次应邀在日本东京等地展出，日本天皇还亲自接见。据说他所绘的佛菩萨造像，每年在日本可销售几万银元。他的这些钱多用于自己创办的慈善事业。

赈济关东地震

1923年9月1日，日本关东发生里氏8.2级大地震，震区漫延几百里，灾区死伤惨重，粮食断绝。此时，王一亭次子恰巧在日本，他当即将此惨相电告国内。王一亭得到消息后，出于人道，立即与朱葆三发起建立中国协济日灾义赈会，并在《申报》头版刊登倡议，动员上海绅商捐款捐物。王一亭带头从自己投资的面粉厂紧急抽调白面粉几万吨，包租一条货轮，于关东地震的第十二天就送到神户港。这是国际社会救援关东地震的第一批物资，10月底，再次向日本送去两船救援物资。同时，时为中国佛教会会长的王一亭，又组织"佛教普济日灾会"在峨眉、五台、九华和普陀等四大名山，分别举办持续七七四十九日的所谓"水陆普利道场大法事"，为地震的受难者祈祷冥福。

弃政从商王一亭

王一亭（1867-1938），名震。上海光复时，组织商团，出任沪军都督府交通部长、工商总长。但在1913年"二次革命"时，就以母亲在堂须供养为名，不再参与政治活动，而侧重于慈善和宗教活动。

> **历史文化百科**
>
> **〔中国援助日本灾民〕**
>
> 1923年9月1日上午，日本东京、神奈川等地发生里氏8.2级地震，且引起火灾。死亡、失踪人数为10.5万。当时中国政府组织了赈灾救济委员会，开支库银20万元（1元可买大米40斤），还下令暂免食品、服装、药品等出口日本的关税。在上海、北京、江浙等地都有自发募捐，梅兰芳组织了赈灾义演。9月6日，上海总商会、红十字会等成立了中国协济日灾义赈会，二十天里共捐助14万元。中国佛教界也组织了赈灾、法会。
>
> 但日本当局却以戒严令，且以谣言称朝鲜人趁机纵火，煽动退伍军人和民众屠杀朝鲜人和中国华工；据不完全统计，有700多名华工（90%是温州人）遇害。20世纪80年代，日本宋庆龄基金会副理事长仁木富美子经详细调查，推出了《关东大地震中国人民遭屠杀》等书。

157

公元1919年

中国大事记 6月28日，出席巴黎和会中国代表在全国人民的压力下，申明对山东条款持保留态度，并拒签对德和约。

王一亭热衷慈善
1922年3月，王一亭在上海大世界主持筹赈黄河水灾游艺会活动，左为王一亭。

几个月后，王一亭在杭州铸造梵钟一座，赠与日本"东京都慰灵堂"，以表慰祷之意。1925年，这座梵钟起航运到横滨。1931年日本还专门建立了钟楼，每年9月1日为关东大地震纪念日，在梵钟处举行撞钟仪式。由此王一亭被日本民众尊称为"王菩萨"。

恩将仇报者下场可悲

王一亭在日本关东灾民中颇有声誉。
1937年11月，上海沦陷时，王一亭为保持气节，带家眷离沪赴香港避难，后局势稍有平静，他又回到上海。因所居梓园在日占区，他特地迁居英租界爱文义路觉园。

日本占领军在侵占上海后，一直在打王一亭主意，企图借助他的名望，让他出任伪上海市商会会长。但王一亭坚决拒绝。日军利诱不成，恼羞成怒，将他原住处梓园抢掠一空，并烧为废墟，强行威胁，王一亭仍不为所动，不久即病死于家中。

日本侵略者忘恩负义，丧失了基本的人性。因而当时租界报纸对此评论说："如果有人对他的救命恩人都忘记了，都不放过，那么他们的下场是很可悲的。"

> 盛巽昌

王一亭《无量寿佛》
于右任有《为王一亭画和尚》七绝：千岩石墼画家禅，远处钟声近听泉。大事西来仍未了，名山一钵待谁传。

公元1919年

世界大事记

6月28日，协约国26个战胜国在法国巴黎与德国签署凡尔赛和约。

○五一

《爱的教育》风靡全国

夏丏尊在20世纪文化人中具有独立不群的人格，甘于寂寞，为中小学教育和出版事业留下宝贵的文化遗产。他所译《爱的教育》一书，影响了几代中国人。

挥泪读《爱的教育》

五四运动时期，在浙江第一师范任教的夏丏尊得到一部日本三浦修吾译的《爱的学校》，这是意大利作家亚米契斯借三年级小学生安利柯所记日记的名义，朴实无华地描写了学校生活，抒发了中下层民众的艰辛，散发了亲子之爱、师生之情、朋友之谊和家国之恋。夏丏尊用三个晚上一口气读完全书，感动不已，以至潸然泪下。于是，他决定翻译这部意大利伦理小说名著。

1923年，夏丏尊执教于浙江上虞白马湖春晖中学。由于教务繁忙，他只能是忙里偷闲，挤时间来译书。有次他带学生乘船到杭州旅行。在船上，夏丏尊盘膝而坐，抓紧时间翻译。又有一次，他带学生到普陀山旅游。在乘夜航船归来途中，他坐于船头，点起煤油灯，执笔翻译。每每翻译片段后，夏丏尊利用休息时间讲给他的学生们听。这件事情被在上海商务印书馆编译所就职的胡愈之知道了，便决定在《东方杂志》连载此书。

夏丏尊就此边译边载。每期发表前，朱自清、刘薰宇还分别帮助审阅、校订，使得译作文采出众，更加贴近原著。

成为全国中小学指定读物

《爱的教育》在《东方杂志》经年连载结束。那是夏丏尊以日译文本为主，参照英译文本《考莱——一个意大利小学生日记》而译成的。这部书连载之后，社会反响极好。商务印书馆随后发行了单行本。

1926年，夏丏尊把《爱的教育》又交开明书店出版，很快成为了风靡全国的畅销书，还被全国高小和初中指定为课外必读书。当时很有影响的上海澄衷中学还指定学生每星期须交一篇《爱的教育》读书笔记，江苏宝山（今属上海）淞阳小学教师陈伯吹甚至把它选为范文在课堂上开讲。上海商务印书馆附设尚公小学教师王志成还运用《爱的教育》中的故事，在自己的教学中实验，收到相当不错的功

开明书店版《爱的教育》（上图）
本书意大利原名《心》，所以图书设计者以红心为封面主体。

春晖中学部分师生（左图）
1924年，中学创办人匡互生（前右一）与朱自清（前右二）等与师生合影。

人物：夏丏尊
关键词：勤奋
资料来源：夏丏尊《夏丏尊文集·平屋之辑》 夏丏尊《爱的教育》

159

公元1919年

中国大事记：7月14日，湖南学生联合会主办的《湘江评论》在长沙创刊，毛泽东任主编。

丰子恺为《爱的教育》绘的插图
丰子恺绘画别具一格，所绘人物多不画眼睛。抗战时重庆某家副刊曾有文《丰子恺不要脸》，内引用古人论画"远水无波，远人无目"之说。丰读后一笑置之，未加答辩。此处插图，多系学校和家庭生活，不受此说所限，而寥寥数笔，点睛更佳，足见画家神韵。

效。后来他将逐日所记的教育笔记整理成《爱的教育实施记》，1930年由开明书店出版。夏丏尊为之写了书评。

"我靠《爱的教育》吃饭"

夏丏尊所译的《爱的教育》持续热销，至1949年3月时，它已印到30版，总数达几十万册。

这是译作者动笔时未曾料到的。有一天，朋友毛翼虎和胡开琦来看望他，谈及《爱的教育》时，夏丏尊半开玩笑说："我靠《爱的教育》吃饭。"当时开明书店作者拿版税第一高的是林语堂，他编了几册英语教科书，版税达30万元之巨。第二就是夏丏尊了。

《爱的教育》发行量大，让一些大作家也羡慕不已。1936年的一天，夏丏尊在上海北四川路的内山书店遇见鲁迅。鲁迅见面时就哈哈大笑，打趣说："这本书卖得好，你可是当财神老爷了。" ＞盛巽昌

上海出版事业档案

项目 出版机构	创办年月	创办人	出版图书	附注
商务印书馆	1897年	夏瑞芳、高凤池等	始印商业簿册报表，后为教科书、工具书、科学、古籍	首创出版编译所和附属图书馆（东方图书馆）
中华书局	1912年1月	陆费逵	教科书、综合图书	草创时期编务不到十人，发行新编《中华教科书》，五年后发展到四十个分支局、二千名职工
世界书局	1917年	沈知方	武侠、侦探	
开明书店		章锡琛、章锡珊	当代文学著译、青年读物	出版有《子夜》、《家》。由夏丏尊、叶圣陶主持编务，长年刊物有《新女性》、《中学生》、《开明少年》
大东书局	1916年	吕子泉等	法律	出版有《法律丛书》、《福尔摩斯探案全集》
现代书局	1927年	洪雪帆	文学著译	出版有《现代杂志》
广益书局	1900年	魏天生、杜鸣雁	章回小说	副牌大达图书供应社
新文化书社	1923年	樊春霖	古典文学和章回小说	首创一折八扣标点书
北新书局	1924年	李小峰、孙伏园	新潮社出版物以及鲁迅的著作	原址在北京，后迁到上海

公元1919年

世界大事记

7月25日，苏俄政府发表第一次对华宣言，声称凡从前帝俄政府时代在中国满洲以侵略手段取得的土地，一律放弃；沙俄政府所取得的特权，全部归还中国。

人物：彭湃
关键词：正直 爱国
资料来源：刘林松 罗可群 蔡洛编《回忆彭湃》；刘林松 蔡洛 余炎光《彭湃传》

○五二

农运大王彭湃

中国共产党人早期从事农民运动，有二人齐名，一是"湖南农王"毛泽东，一是"广东农王"彭湃。

彭家四少爷发疯了

1921年5月，彭湃从日本早稻田大学毕业回国，在海丰县任教育局长。他一上任就组织学生反对封建神权，把县立高小前写着"天官赐福，泰山不敢当"的一道墙拆了。海丰的官绅大感惊骇，县政府很快免了他的职。

免职之后，彭湃决心投身农民运动。他刚开始到农村，农民们以为是来讨账的士绅或收税的官吏，都躲着他。后来他戴上竹笠，光着脚板，到田间帮助农民拔草、挑肥，没想到人们更加不解，说："彭家四少爷发疯了！"他虽然屡遭挫折，还坚持去接近农民，用通俗的语言讲地主剥削的不合理。慢慢地，有人愿意与他交谈了，开始一天四五个人，后来每天几十人、上百人。

彭湃亲近穷人，维护农民，家里人惊呼"祖上无德"，骂他"逆子"，他的的大哥恨不得杀掉他。

为怕他"败家"，家中兄弟分产自立。彭湃把自己分得的田契送给佃户，佃户们不敢要，他就把佃户们召集到自己家里，当众将田契全部烧毁，宣布"日后自耕自食，不必再交租谷"。

1922年7月29日晚上，彭湃与五位农民组成了一个"六人农会"，从此点燃了农民运动的星星之火。1923年初，海丰组织起中国革命史上第一个县总农会，彭湃担任会长。同年，他加入中国共产党，还担任了国民党广东省党部农民部长，被公认为"广东农王"。

革命家彭湃（中图）
彭湃(1896—1929)日本早稻田大学毕业。回国后参加革命。虽出过洋，又身肩重职，却不嫌弃家庭包办所娶的缠脚妻子，互敬互爱，引导她走上革命道路。

第一届农讲所主任

1924年初，孙中山实行联俄、联共、扶助农工三大政策，国共两党第一次合作。担任国民党中央常委兼组织部长的共产党人谭平山，派人把彭湃接到广州，并介绍他出任国民党农民部秘书。

彭湃接受任务后，废寝忘食地制订有关农民运动的政策、文件，以促进广东各地农民运动的开展。

在实际工作中，他深感农运干部的缺乏。不久国民党召开中央执委会，彭湃以农民部名义向会议提出了创办农民运动讲习所的建议。会议接受了这一建议，还制定了农民运动讲习所章程，委任彭湃为第一届农讲所主任。

1924年7月3日，第一届农讲所在广州越秀南路惠州会馆正式开学。学员三十八人，都是农运积极分子，来自广东各地，其中大多数是中共党员和共青团员。

在此期间，彭湃不仅担负了农讲所的主持工作，还

海陆丰的妇女赤卫队

161

公元1919年

中国大事记: 11月1日，北京政府收回自1900年起被美军占领的正阳门城楼。

广州农民运动讲习所旧址
1924年到1925年，彭湃、阮啸仙主办了一至五届农民运动讲习所。1926年，毛泽东主持了第六届，他给学员讲授了《中国社会各阶级分析》、《中国农民问题》等课程。

亲自授课，把在海丰搞农运的经验教训传授给学员。这届学员后来大多表现出色，被赞为"农民运动的推进机"。

临刑前怒砸"送终餐"

1927年11月，海陆丰工农兵苏维埃宣告建立。这是中国第一个红色政权。

敌人疯狂反扑，海陆丰根据地危在旦夕。1928年5月，党中央将彭湃调到上海。

1929年8月24日，担任中共中央政治局委员、中央农委书记兼江苏省军委书记的彭湃，到上海新闸路经远里参加江苏省军委会议时，因叛徒白鑫告密，被捕入狱。

面对审讯者，彭湃大义凛然地说："你们这样的反革命，我们海陆丰不知杀了多少，现在你不必再问。"敌人连施毒刑，致彭湃腿部骨折，几次昏厥过去，醒来仍坚贞不屈。

不出一个星期，蒋介石亲自下达了执行令，行刑地点就在龙华淞沪警备司令部。临刑前，彭湃砸翻了狱警端来的"送终餐"，他早已将生死置之度外。

"一定要把叛徒干掉"

得知彭湃被捕，周恩来当即召开特科紧急会议，设法营救。陈赓很快查明，出卖彭湃等人的是军委秘书白鑫。这个叛徒，此时已躲进国民党特务机关。

特科一面追踪叛徒，一面组织营救。28日清晨，特科人员假装拍电影外景，等候刑车经过。可惜手枪送到时，枪上的润滑油没有擦去，等用煤油洗净后，已经错过了营救时间。

彭湃等牺牲后，周恩来流着泪水起草了告人民书，并下令："一定要把叛徒干掉！"

白鑫深知特科的厉害，整日提心吊胆，经苦苦哀求，蒋介石同意他去意大利避风。11月11日傍晚，白鑫在一些人的陪同下，小心翼翼地从家门口走向不远处的停车点。可是，他还没来得及上车，特科人员便从四面八方冲了上来。这个叛徒，终未逃脱被击毙的下场。

> 廖大伟

海陆丰广场所塑立的彭湃像

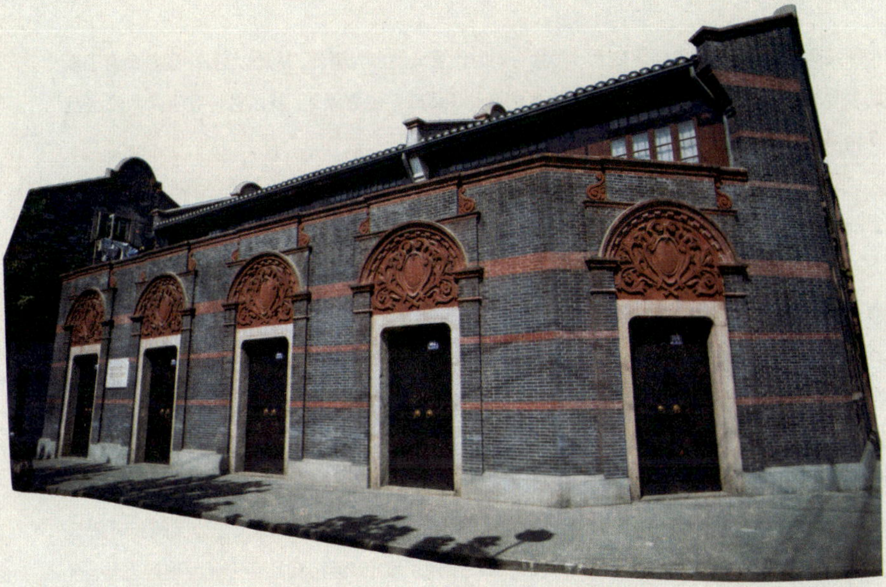

聚焦：1912年至1928年的中国

中国共产党的成立，是中国历史上一个具有划时代意义的伟大事件。从此以后，中国革命有了新的领导核心，中国革命的面貌发生了根本的变化。共产党成立以后，就以它特有的无产阶级战斗精神投入中国人民的革命斗争之中。

白寿彝

军阀头头的各种来源和他们的意识形态，确实是五花八门的，这是中国近代社会的万花筒，无奇不有。军阀身上所表现出来的复杂的社会历史现象，是中国近代社会新旧两种因素互相交织而又矛盾冲突的产物。

近代军阀是和近百年的半殖民地半封建社会相始终的。而军阀本身也有个新陈代谢的过程，新军阀代替了旧军阀。随着整个近代社会的新陈代谢，军阀最后完全退出了历史舞台。

陈旭麓

军阀时代既是乱世也是富有创新精神的时代。这并不矛盾，因为在中国这样一个传统束缚较深的社会里，尝试建设新的道路只能先破后立。1916年之后，10年形形色色的思想实践和时新试验毫无拘束地涌现出来。随着政治力量的衰弱，出现了思想、经济和社会多元发展的态势，在躁动的思想下潜伏着城市经济发展和社会变迁的大潮。

费正清

清季曾受西方启导、向往民主政治的知识分子，可说是革命的原动力，留学日本及国内学生实居中坚地位。民国建立后的种种现象，使他们于失望之余，继续探求救国之道，终于获得了新的觉悟，深感以往努力的方向，过于偏重西方形式的模仿，未曾触及到西方立国的根本精神。变革政治，首须变革社会，变革社会，首须变革人心。消极方面，必须涤荡违背时代的、保守的旧观念、旧信仰、旧人生观，亦即旧文化。积极方面，必须建设适合时代的、进步的新观念、新信仰、

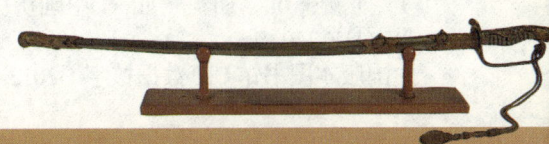

文苑泰斗，学术名家，聚焦于1912年至1928年的中国。他们以宏观或者微观的独到眼光，对民国前十七年的政治经济和社会文化的各个层面作了深入浅出、鞭辟入里的解析。这些凝聚了高度智慧的学术精华，历经岁月洗礼，常读常新，是我们走进中国历史文化殿堂的引路人。

新人生观，亦即新文化。简言之，必须摒弃传统，彻底西化，先致力于新思潮，或新文化运动，再革命运动于是开始。

郭廷以

军阀给中国之损害并非不严重。他们给中国经济的坏影响无可衡量。当日创造新社会的工作亟待着手，军阀之行动除有极少例外，大都具破坏性。他们也使全国士气受挫。军阀割据使刚出生的中华民国丧失了所有尊严，这情形也造成十多年的憔悴和失望。如果军阀在历史上有任何贡献的话，那是在八十年列强侵略之后他们更增加了内部压力，于是强迫着中国的青年自行着手寻觅着一套救国方式。

黄仁宇

中国革命前途重要的问题，毕竟不在对内而在对外。军阀的跋扈，看似扰乱了中国好几十年，然这一班并无大略，至少是思想落伍，不识现代潮流的人，在今日的情势之下，复何能为？他们的难于措置，至少是有些外交上的因素牵涉在内的。而在今日，国内既无问题之后，对外的难关，仍成为我们生死存亡的大问题。所以中国既处于今日之世界，非努力打退侵略的恶势力，决无可以自存之理。

吕思勉

中国近代史上，有帝国主义的侵入，延续了封建地主的势力；民族资本主义的生产倒反被帝国主义与封建主义压下去了；资本主义的文化更没有完成。中国近代史上的这种事实却给了我们一个优越条件，即培植了世界历史上所仅见的空前强大的革命力量，使我们历史的前进由较迟缓转为较迅速。

周谷城

图书在版编目（CIP）数据

新世纪的曙光（上）/廖大伟著．—上海：上海锦绣文章出版社，2014.2（2019.3重印）
（话说中国：普及版）
ISBN 978-7-5452-1282-2

Ⅰ．①新… Ⅱ．①廖… Ⅲ．①中国历史—民国—通俗读物
Ⅳ．①K260.9

中国版本图书馆CIP数据核字（2013）第062586号

责任编辑	李　欣　赵晋波
特邀审订	盛巽昌
特邀审读	王瑞祥
特邀编辑	王建玲　侯　磊　刘言秋　李曦曦
整体设计	袁银昌
装帧设计	周艳梅
美术编辑	周艳梅　张独伊
印务监制	张　凯

书名
新世纪的曙光（上）
——1912年至1928年的中国故事

著者
廖大伟

出版
上海锦绣文章出版社·上海故事会文化传媒有限公司

发行
上海文艺出版社发行中心
（上海市绍兴路50号　　邮编：200020）

印刷
北京一鑫印务有限责任公司

版次
2014年2月第1版　2019年3月第3次印刷

规格
787×1092　1/16　印张10.5

书号
ISBN 978-7-5452-1282-2/K·457

定价
31.00元

告读者　如发现本书有质量问题请与印刷厂质量科联系 T：010—61424266